Katja Chiba

# Zur schwierigen Situation von Kindern aus alkoholbelasteten Familien

## Risiken und Chancen des Aufwachsens mit süchtigen Bezugspersonen

Diplomica® Verlag GmbH

Chiba, Katja: Zur schwierigen Situation von Kindern aus alkoholbelasteten Familien. Risiken und Chancen des Aufwachsens mit süchtigen Bezugspersonen, Hamburg, Diplomica Verlag GmbH 2008

ISBN: 978-3-8366-5865-2
Druck Diplomica® Verlag GmbH, Hamburg, 2008
Zugl. FernUniversität Hagen, Hagen, Deutschland, Magisterarbeit, 2007

Bibliografische Information der Deutschen Bibliothek
Die Deutsche Bibliothek verzeichnet diese Publikation in der Deutschen Nationalbibliografie;
detaillierte bibliografische Daten sind im Internet über
<http://dnb.ddb.de> abrufbar.

© Diplomica Verlag GmbH
http://www.diplomica.de, Hamburg 2008
Printed in Germany

## Inhaltsverzeichnis

2

## 1. Einleitung

In den vergangenen 15 Jahren ist auch im deutschsprachigen Raum ein Bewusstsein dafür entstanden, dass das Aufwachsen mit alkoholkranken Menschen sich negativ auf die Entwicklung von Kindern auswirken kann. In den Anfängen der angloamerikanischen Literatur zu Thema Alkohol und Familie wurden ausgehend von Berichten und Anklagen so genannter „erwachsener Kinder" von Alkoholikern (Adult Children of Alcoholics) relativ einseitig die Risiken und Gefahren dieses Aufwachsens beleuchtet. Man begann zwar ein Bewusstsein für die schwierige Ausgangslage dieser Kinder zu entwickeln, es mangelte aber noch an Lösungsmöglichkeiten für deren Probleme, daher wurde bezüglich ihrer Situation ein Bild der Ausweglosigkeit gezeichnet.

Heute geht man einen anderen Weg: Das Aufwachsen mit alkoholkranken Bezugspersonen *kann* ein Risiko bedeuten, doch das Schicksal dieser Kinder ist nicht determiniert. Es hat sich erwiesen, dass das Vorhandensein verschiedenster protektiver und pathogener Faktoren, die sowohl im Kind selbst als auch in seiner Umgebung liegen, für das Ge- oder Misslingen von Persönlichkeitsentwicklung mit verantwortlich ist. Es besteht also kein einfacher und linearer Zusammenhang zwischen dem Aufwachsen in einer Suchtfamilie und der Ausbildung einer eigenen Sucht oder Verhaltensstörung, obwohl die Risiken dafür um ein Mehrfaches höher sind als bei Kindern aus gesunden Familien.

Diese neue Perspektive, nämlich von den gesund erhaltenden Faktoren auszugehen, lässt eine optimistische Sicht auf die Wirksamkeit pädagogischer Maßnahmen zu. Werden Kinder in ihrer schwierigen Situation unterstützt, indem man ihre Stärken und Ressourcen fördert und ihnen die Chance gibt, ihr Gefühl für Selbstwirksamkeit zu stärken, so kann Persönlichkeitsentwicklung trotz widriger Umstände gelingen. Aus diesem Grund wird in der vorliegenden Arbeit dem Resilienzkonzept und dem Konzept der Salutogenese viel Platz eingeräumt.

In dieser Arbeit wird wechselweise von alkoholbelasteten, alkoholkranken Familien oder auch von *Suchtfamilien* gesprochen. Dies geschieht in Anlehnung an Ehrenfried et al., die ebenfalls den Begriff Suchtfamilie wählen, obwohl sie in ihrer Konzeption eigentlich „nur" Alkoholikerfamilien meinen. Auch in der vorliegenden Arbeit liegt der Fokus „nur" auf Menschen mit Alkoholsucht. Die Familiendynamik aller Suchtfamilien (illegale Drogen, Medikamentensucht usw.) ist zwar grundsätzlich ähnlich, aber z. B. aufgrund der Illegalität der Suchtmittel und den Konsequenzen, die sich daraus ergeben (Haftstrafen, soziale Ächtung usw.), ergeben sich unterschiedliche Auswirkungen, auf die hier nicht eingegangen werden kann.

Weiters ist im Titel vom Aufwachsen mit alkoholabhängigen *Bezugspersonen* die Rede. Ich habe diese Formulierung gewählt, weil nicht unbedingt das Zusammenleben mit der alkoholkranken leiblichen Mutter oder dem alkoholkranken leiblichen Vater für die gelingende oder gefährdete Entwicklung ausschlaggebend sein muss. Aufgrund der unterschiedlichsten Familienkonstellationen können Großeltern, Stiefeltern usw. die signifikanten Bezugspersonen für ein Kind sein. Dann sind diese Menschen diejenigen, die die Persönlichkeitsentwicklung des Kindes am stärksten beeinflussen.

## 2. Voraussetzungen für eine gesunde Persönlichkeitsentwicklung

Wenn im vorliegenden Zusammenhang die spezifische Situation von Kindern mit alkoholabhängigen Bezugspersonen und die Auswirkungen dieses Milieus auf die Entwicklung der Kinder dargestellt werden soll, muss zuerst einerseits beleuchtet werden, was als *gesunde Entwicklung* zu verstehen ist, und andererseits, was als *gesundes Familienklima* gelten soll, um im Anschluss daran zu formulieren, was als krank machende, die Entwicklung beeinträchtigende Umgebung verstanden werden soll.

Der frühkindlichen Bindungserfahrung der stabilen, emotionalen Beziehung zu einer verlässlichen Bezugsperson kommt bei der Suche nach Faktoren für eine gesunde Persönlichkeitsentwicklung ebenso eine zentrale Bedeutung zu wie der Möglichkeit, sich aus dem engen Zusammenhang mit der primären Bezugsperson schrittweise zu lösen.
Ein anderer wesentlicher Faktor für gesunde Entwicklung ist darin zu sehen, dass das Kind über Bezugspersonen verfügt, die es dabei unterstützen, seine altersadäquaten Entwicklungsschritte zu vollführen.
Ein dritter wichtiger Punkt scheint mir zu sein, dass das Kind Bezugspersonen hat, die ihm das Gefühl vermitteln, wertvoll und selbstwirksam zu sein.

Anhand der Arbeiten von Erikson und Bowlby möchte ich auf diese wichtigen Merkmale für die Entwicklung, die sich aus der Interaktion des Kindes mit der Umwelt ergeben, näher eingehen.

### 2.1 Identität und Lebenszyklus – E. H. Erikson

E. H. Erikson entwickelt seinen Ansatz vor dem Hintergrund der psychoanalytischen Theorie, erweitert sie allerdings um die soziale Komponente, die in S. Freuds Theorie weitgehend ausgeblendet bleibt.

Eriksons Theorie der Identitätsentwicklung beinhaltet die Grundannahmen, dass das Wachstum der menschlichen Persönlichkeit nach einem „epigenetischen Entwicklungsmodell" abläuft und von inneren und äußeren Konflikten begleitet wird. Die einzelnen Lebensphasen gipfeln in einer *Krise*, die überwunden werden muss, bevor die nächste Entwicklungsphase beschritten werden kann. Krise versteht Erikson im medizinischen Sinn, als Wendepunkt zum Besseren oder Schlechteren[1]. Die phasenspezifischen Krisen bedeuten für das Kind/den Jugendlichen eine Auseinandersetzung mit sich selbst und der Umwelt; erst nach Bearbeitung der jeweiligen Phase und Überwindung der Krise kann zur nächsten Phase übergegangen werden. Dabei muss eine Lösung gefunden werden, sonst kehrt das Kind/der Jugendliche immer wieder an den Punkt der unbewältigten Phase zurück, da sie aufeinander aufbauen und kein Teil übersprungen werden kann. „Jede Phase kommt zu ihrem Höhepunkt, tritt in ihre kritische Phase und erfährt eine bleibende Lösung." (Erikson, 1966, zit. nach Abels & Link, 1989, KE 1&2, 114)

---

[1] So hat auch das chinesische Schriftzeichen für Krise sowohl die Bedeutung von Gefahr als auch von Chance.

Erikson beschreibt die menschliche Persönlichkeitsentwicklung als *Phasen- und Stufenmodell.* Er nennt dabei acht Krisen oder Kernkonflikte in acht Phasen. Jedes Mal, wenn eine Krisenlösung gefunden ist, entsteht ein Energieüberschuss, der dem Individuum ermöglicht, sich neuen Herausforderungen zu stellen. Die aus der Bewältigung der Krise bezogene Stärke muss sich in der nächsten Phase bewähren. „Nach diesem Modell geht jede Stärke, die aus einer erfolgreichen Krisenlösung gewonnen wurde, in alle späteren Stärken ein, erfährt also eine qualitative Aufwertung." (Abels & Link, 1989, KE 1&2,115) In jeder der acht Phasen erwirbt das Kind eine von acht *Tugenden.*

Neben der Grundannahme des menschlichen Persönlichkeitswachstums in *Phasen* geht das Modell von Erikson von der Annahme aus, dass die Entwicklung sich als „*Stufenfolge signifikanter Wechselwirkungen*" zwischen Individuum und Umwelt vollzieht (vgl. Abels & Link, 1989, KE 1&2, 116). In acht *Stufen,* parallel zu den acht Phasen, weitet sich der Kreis der Bezugspersonen immer weiter aus.

Anders als in der klassischen psychoanalytischen Theorie, die sich verstärkt mit den menschlichen Schwächen befasst, fokussiert die Entwicklungs- und Sozialisationstheorie Eriksons auf die in der psychoanalytischen Theorie nur schlecht beleuchteten *Stärken* des Menschen. „Das menschliche Wachstum soll hier unter dem Gesichtspunkt der inneren und äußeren Konflikte dargestellt werden, welche die gesunde Persönlichkeit durchzustehen hat und aus denen sie sich immer wieder mit einem gestärkten Gefühl innerer Einheit, einem Zuwachs an Urteilskraft und der Fähigkeit hervorgeht, ihre Sache ‚gut zu machen' und zwar gemäß den Standards derjenigen Umwelt, die für diese Menschen bedeutsam ist." (Erikson 1966, zit. nach Abels & Link, 1989, KE 1&2, 115)

So findet sich in Eriksons Theorie ein erster Anknüpfungspunkt, der für das vorliegende Thema wesentlich ist: Menschen haben individuelle Stärken, mit denen sie schwierige Situationen, jeder auf seine spezielle Weise, zu bewältigen versuchen. Manches gelingt besser, manches weniger gut. Wird eine Herausforderung nicht genügend gut bewältigt, kehrt der Mensch immer wieder zu dieser Aufgabe zurück, bis er zu einer befriedigenderen Lösung kommt. Darin liegt eine Chance, die auch pädagogisch genützt werden kann.

Da die vorliegende Arbeit sich mit der problematischen Situation von *Kindern und Jugendlichen* befasst, liegt auch der Fokus auf den ersten fünf Phasen von Eriksons Stufenmodell, die im Folgenden dargestellt werden.

### 2.1.1 *Urvertrauen gegen Misstrauen*

In der ersten Phase, die der Säugling durchlebt, einverleibt er die Welt, zuerst passiv, später aktiv. „Die Beziehung zwischen dem Säugling und der Mutter ist der Prototyp der Beziehung zur Welt." (Abels & Link, 1989, KE 3&4,10) Der Säugling erlebt sich in vollkommener Einheit mit der Welt. Freud beschreibt diesen Zustand, in dem der Säugling die Quellen der lustvollen Bedürfnisbefriedigung in sich selbst verortet, als „primären Narzissmus".

Erst mit sechs Monaten beginnt der Säugling die Mutter als ein getrennt von ihm bestehendes Objekt wahrzunehmen. Die Zeit dieser Erfahrung, dass „Ich" und „Außen" getrennt voneinander bestehen, gleicht gewissermaßen der Vertreibung aus dem Paradies.

Die gelungene Bewältigung dieser Erfahrung stellt die erste Entwicklungsaufgabe des Menschen dar. Das Kind kann in dieser heiklen Phase bei verlässlicher, einfühlsamer Bedürfnisbefriedigung vonseiten der Bezugsperson die Erfahrung machen, dass es vertrauen kann, dass es nach und nach zu der Überzeugung gelangt, in der Welt aufgehoben und geborgen zu sein, obwohl es ein von der Mutter getrenntes Wesen ist. Die Überwindung der Krise kann als gelungen angesehen werden, wenn das Kind auf die emotionale Fürsorge der Mutter vertraut. Das Ausmaß des Vertrauens hängt nach Abels & Link weniger von der *Quantität* der emotionalen Zuwendung als von der *Qualität* der Beziehung ab. „Die Eltern müssen imstande sein, vor dem Kind eine tiefe, fast körperliche Überzeugung zu repräsentieren, dass das was sie tun, einen Sinn hat." (Erikson, 1966 zit. nach Abels & Link, 1989, KE 3&4,12)[2] „Es ist der Grundzug der Verlässlichkeit und Widerspruchsfreiheit, der beim Kind Urvertrauen befördert." (Erikson, 1966 zit. nach Abels & Link, 1989, KE 3&4,12) Das Kind lernt mit Bewältigung der ersten Phase „sozial-optimistisch" zu sein und nach vorn in Richtung Zukunft zu schauen.

Die Tugend, die Erikson dieser Phase zuordnet, nennt er *Hoffnung* oder auch *Zuversicht*. „Hoffnung hat die Funktion, ein grundsätzliches Vertrauen in die Welt und sich selbst über alle Unsicherheiten hinweg zu erhalten: Hoffnung ist sozusagen reine Zukunft." (Erikson, 1988 zit. nach Abels & Link, 1989, KE 3&4,21) Hat ein Kind gelernt, Vertrauen in die Welt zu haben, ist es auch in der Lage zu verzichten und enttäuschte Hoffnungen besser zu ertragen.
Auf der mehr oder weniger gelungenen Bewältigung dieser Krise bauen alle nachfolgenden Entwicklungsschritte auf.

### 2.1.2 *Autonomie gegen Scham und Zweifel*

In der nächsten, das Kleinkindalter kennzeichnenden Phase geht es um Fähigkeiten des Festhaltens und Hergebens.
Die Entscheidung für das eine oder andere hängt vom wachsenden Willen des Kindes in diesem Alter ab. Das Kind beginnt mit dem Verfügen über seine Körperfunktionen eine Ahnung von Autonomie[3] zu bekommen. Unter Umständen wird diese Phase zu einer „Kraftprobe" zwischen Kind und Umwelt. (Das hängt sehr vom Charakter des Kindes und den Anforderungen seiner Bezugspersonen ab.) Das Kind sucht in dieser Phase eine Lösungsmöglichkeit, um zu einem Gefühl der Kontrolle über seinen Körper zu gelangen, sich beherrschen zu lernen, aber dabei nicht die Autonomie über seine Körperfunktionen abgeben zu müssen. Die Reinlichkeitserziehung wird in dieser Phase zum Feld der Erprobung von Festhalten und Loslassen.
Je nach der Reaktion der Bezugspersonen kann das Kind sich als jemand, der seine Macht als befriedigend empfindet, erleben, oder als jemand, dem aufgezwungen wird, was er gern loswerden möchte, und weggenommen, was er behalten will. Diese Ignoranz dem

---

[2] Diese Annahme Eriksons findet sich auch in Antonovskys Salutogenesekonzept wieder.
[3] Autonomie gilt als zentraler Faktor bei der Herausbildung von Resilienz.

kindlichen Willen gegenüber (vielleicht, weil Willen als Eigenwilligkeit interpretiert wird) stürzt das Kind in Gefühle von Scham und Zweifel.

*Wille,* die Tugend der zweiten Phase, „bedeutet die ungebrochene Entschlossenheit, sowohl Wahl wie Selbstbeschränkung frei auszuüben, trotz der unvermeidlichen Erfahrung von Scham und Zweifel in der Kindheit" (Abels & Link, 1989, KE 3&4, 28). „Die Wanderung auf dem schmalen Grat zwischen Selbstüberschätzung und Verzagtheit ist heikel. Der Erfolg hängt auch davon ab, wie sicher sich das Kind seiner selbst sein kann. Dies wiederum ist die Folge des Urvertrauens und Ergebnis der fördernden und fordernden Lebensumstände." (Abels & Link, 1989, KE 3&4, 33)

### 2.1.3 *Initiative gegen Schuldgefühl*

Im 3. und 4. Lebensjahr erobert das Kind die Welt. Es dringt sowohl körperlich als auch geistig in sie ein: Es kann jetzt sicher laufen und bewegt sich geschickt auf die Welt zu.[4] Es spricht und nützt dieses neue Werkzeug der Sprache, um sich in die Welt hineinzufragen wie der Besucher des Schlaraffenlandes sich erst einmal durch eine Mauer aus Grießbrei essen muss, um ins Schlaraffenland zu gelangen. (M. Mahler spricht in diesem Zusammenhang von einer Liebesaffäre des Kindes mit der Welt.) Das Kind fühlt sich in dieser Phase mächtig, so mächtig, dass es sich sogar zutraut, mit dem gleichgeschlechtlichen Elternteil um die Gunst des anderen Elternteils zu rivalisieren. Doch gleichzeitig lauert hinter diesen Allmachtsfantasien die elementare Angst vor der Rache des Rivalen.

In dieser Phase sucht das Kind eine Lösung, um von seinen mächtigen Schuldgefühlen nicht erdrückt zu werden und sich trotzdem groß und großartig zu fühlen. Es sucht einen Weg, um ein in die Welt hineinschreitendes Kind sein zu können, ohne sich dafür schuldig zu fühlen. Die psychoanalytische Theorie spricht in diesem Fall von der Überwindung des ödipalen Konfliktes, welche als gelungen zu betrachten ist, wenn das Kind an der Macht des Rivalen (der gleichgeschlechtliche Elternteil) nicht zerbricht, sondern seine Maßstäbe und somit seine Macht verinnerlicht. Im Prinzip wählt das Kind einen Abwehrmechanismus (die Identifikation mit dem Aggressor) als Problemlösung.

Diese Krise ist bewältigt, wenn das Kind seine vitalen Energien nach draußen auf den größer werdenden Kreis der Bezugspersonen ausweitet und zielstrebig seinen Weg geht. *Zielstrebigkeit* ist die Tugend, die Erikson dieser Phase zuordnet. „Zielstrebigkeit bedeutet also den Mut, als wertvoll erkannte Ziele ins Auge zu fassen und zu verfolgen, unbehindert durch die Niederlagen der kindlichen Phantasie, durch Schuldgefühl und die lähmende Angst vor Strafe." (Abels & Link, 1989, KE 3&4, 43)

### 2.1.4 *Werksinn gegen Minderwertigkeitsgefühl*

Die Zielstrebigkeit der vorhergehenden Phase möchte sehr bald die Fantasiewelt des Spiels verlassen und findet neue Herausforderungen in der Welt der Realität, in den Anforderungen der Schule. Das Kind will in diesem Alter nicht mehr bloß spielen,

---

[4] Wie Hänschen Klein im gleichnamigen Kinderlied: mit den Auswirkungen des verhinderten Entwicklungsschrittes Hänschens in die Welt zu laufen, beschäftigt sich Abschnitt 5.2.2.2.

sondern etwas „Nützliches" produzieren, so wie es Erwachsene machen. Es möchte etwas können und mit Fleiß vollenden.

Erikson nennt die Tugend, die dieser Phase entspringt, *Tüchtigkeit*. Tüchtigkeit vermittelt dem Kind das Gefühl der Selbstachtung und der Selbstwirksamkeit. In einer Umgebung aufzuwachsen, in der das Kind die Möglichkeit hat, etwas Wertvolles zu leisten, ist für die Ausbildung von Resilienz, von Widerstandsfähigkeit, von größter Wichtigkeit. Erikson betont den hohen Stellenwert der Arbeit für die Entwicklung der Persönlichkeit. Der Gedanke, dass Arbeit wichtig für die Identitätsentwicklung ist, findet sich auch bei Marx: „Zur Bewusstwerdung des Individuums gehört, dass es sich der Wirkung seiner Kräfte bewusst wird." (vgl. Marx, bei: Abels & Link, 1989, KE 3&4, 47)

### 2.1.5 *Identität gegen Identitätsdiffusion*

Die Adoleszenz bezeichnet Erikson als *natürliche Periode der Wurzellosigkeit*. „Wie der Trapezkünstler muss der junge Mensch in der Mitte heftiger Bewegtheit seinen sicheren Griff an der Kindheit aufgeben und nach einem festen Halt am Erwachsenen suchen. Ein atemloses Intervall lang hängt er von einem Zusammenhang zwischen Vergangenheit und Zukunft und von der *Verlässlichkeit derer ab, die er loslassen muss, und derer, die ihn aufnehmen werden*." (Erikson, 1964, zit. nach Abels & Link, 1989, KE 3&4,55; Hervorhebung K. C.) Auch wenn die Eltern diejenigen sind, gegen die der Jugendliche augenscheinlich rebelliert, ist ihre Verlässlichkeit und Stabilität für die gelungene Bearbeitung dieser Phase enorm wichtig. Der Jugendliche muss in dieser Lebensphase erproben, ob die bis dahin erworbenen Krisenlösungen tragfähig sind. Die Steuerungsformen der Hoffnung, des Willens, der Zielstrebigkeit und der Tüchtigkeit müssen sich nun verstärkt unter realen Bedingungen als Weisen des Erfahrens, des Verhaltens und der inneren Zustände – des Empfindens – bewähren.

Es ist eine bewegte Zeit für den jungen Menschen, der nicht mehr Kind, aber noch nicht Erwachsener ist. Es ist ein Lebensabschnitt, in dem der Jugendliche besonders angewiesen ist auf stabile Bezugspersonen, mit deren Welt er sich auseinandersetzen kann, auf Bezugspersonen, die sein Ringen um eine authentische Identität aushalten können und ihm Sicherheit und Klarheit vermitteln – eine schwierige Zeit nicht nur für den jungen Menschen selbst, sondern auch für die Bezugspersonen, die es u. U. als persönliche Ablehnung empfinden, dass der Jugendliche sie als Hintergrund braucht, von dem er sich abzuheben sucht.[5]

Erikson betont, dass die Ich-Identität nicht einfach als Akkumulation der phasenspezifischen Tugenden zu verstehen ist, sondern „dass der Wendepunkt zur eigentlichen Bildung der Ich-Identität dort zu verorten ist, wo die Brauchbarkeit der kindlichen Identifikationen endet" (Abels & Link, 1989, KE 3&4, 60). Die Ablösung von den Bezugspersonen ist also ein wesentlicher Bestandteil der gelungenen Identitätsentwicklung. Der Jugendliche muss die bisher erworbenen Identifikationen infrage stellen, ein Vorgang, der von großer Verunsicherung bis hin zum Gefühl der Auflösung des Selbstgefühls gehen kann. Erikson beschreibt dieses Gefühl der Zersplitterung des Selbstbildes als „Diffusion", die dazu führt, dass der Jugendliche sich zurückzieht und sich gegenüber seiner Umwelt abgrenzt.

---

[5] Auf das Problem verhinderter Ablösung wird ausführlich im Abschnitt 5.2.2.4 eingegangen.

Der Jugendliche hat in dieser Phase ein hohes Bedürfnis nach „Totalität": etwas ist entweder zu 100 Prozent gut oder zu 100 Prozent böse, er hat fanatische Wahrheitsansprüche und tiefe Gefühle der Fairness und Solidarität. Erikson nennt die Tugend, die mit dieser Lebensphase einhergeht, *Treue*. Diese Treue bezeichnet einerseits eine Verpflichtung nach außen (Solidarität und Loyalität) und andererseits eine Verpflichtung nach innen (Authentizität). Ist das Gleichgewicht zwischen diesen Verpflichtungen gestört, so kann der Jugendliche nicht zu einer befriedigenden Lösung in dieser Phase kommen.[6]

„Mit dem Ausgleich zwischen dem, was die Umstände aus einem gemacht haben, und dem, was man selbst aus den Umständen zu machen gedenkt, ist die Krise der Adoleszenz markiert. Eine gelungene Krisenlösung am Ende dieser Phase führt zu einer sich selbst vertrauenden Identität." (Abels & Link, 1989, KE 3&4, 77)

## 2.2 Selbstbewusstsein, Selbstachtung und Selbstwirksamkeit

*Selbstbewusstsein* erwächst nach Seligman, „aus einem kindlichen Sinn für Bewältigung seiner Umgebung" (Seligmann, 1995, 143). Hat das Kind die Möglichkeit, die Reaktionen der Umgebung in Abhängigkeit von seinen Handlungen verstehen zu können, kann es Erfahrungen effektiver Kontingenzen machen, dann kann es Kompetenzen, also Selbstbewusstsein ausbilden.

Eriksons Stufenmodell der menschlichen Entwicklung baut auf der Annahme auf, dass Menschen Herausforderungen meistern müssen, um an der erfolgreichen Lösung dieser Anforderung wachsen zu können. Je nach Entwicklungsstufe und Alter stellen sich dem Kind verschiedene Hindernisse in den Weg, die es bewältigen muss. Schafft es die Aufgabe, so geht es mit einem gestärkten Vertrauen in seine eigenen Fähigkeiten und dem zuversichtlichen Gefühl, es auch mit anderen Hürden aufnehmen zu können, aus der Situation hervor. Erlebnisse, die dem Kind das Gefühl vermitteln, es schaffen zu können, die also Erfolg möglich machen, stärken sein Gefühl für *Selbstwirksamkeit* und das Kind hat die Möglichkeit, *Selbstachtung* zu entwickeln, *ein wesentlicher Faktor bei der Ausbildung von Resilienz*.[7]

Ob Aufgaben gelingen oder nicht und ob das Kind das Gefühl hat, etwas zu bewerkstelligen oder ein hilfloses, machtloses Geschöpf zu sein, hängt stark von der Lenkung der Aufgaben durch die Bezugspersonen ab. Die Bezugspersonen konfrontieren das Kind auch mit Frustrationen, „aber mit Frustration und Konflikten, die *gelöst* werden können" (Seligmann, 1995, 139). Die Chance, sich als selbstwirksames Geschöpf empfinden zu dürfen, liegt für jedes Kind an der schmalen Grenze zwischen elterlicher Forderung und Überforderung bzw. Unterforderung.
„Das *Gefühl von Selbstwirksamkeit* beinhaltet die subjektive Überzeugung, selbst etwas bewirken und ändern zu können. Die Annahme, selbst Kontrolle über die jeweilige Situation zu haben, mit seinen eigenen Handlungen die Situation beeinflussen zu können, und die Zuversicht, in stressreichen Situationen nicht hilflos zu sein, gehören ebenso dazu

---

[6] Auf Solidarität und Loyalität gegenüber der Familie als die Individuation störender Faktor wird im Abschnitt 4.2 noch näher eingegangen.
[7] Die Ausbildung von Resilienz wird im Abschnitt 7 ausführlich behandelt.

wie das Gefühl, kompetent im Umgang mit Schwierigkeiten zu sein." (Skof, 2003, 29) Kinder, die die Erfahrung gemacht haben, etwas bewirken zu können, erwarten auch bei zukünftigen, schwierigeren Aufgaben, dass sie diese lösen können werden. Doch sie gehen dabei nicht unrealistisch vor: Sie wählen sich Aufgaben und Situationen aus, die zu bewältigen scheinen und ihr Selbstwertgefühl weiter steigern. Menschen, die sich auf ihre Selbstwirksamkeit verlassen, schaffen sich also Situationen, die ihnen diese Selbstwirksamkeit bestätigen. Im Gegensatz dazu bringen sich Menschen, denen die Hoffnung fehlt, immer wieder in Situationen, die ihnen bestätigen, dass sie in der Opferrolle gefangen sind (Selffullfilling Prophecy). „Die Erfahrung, eine Krise selbst gemeistert zu haben, sollte *Selbstvertrauen* im Sinne des Vertrauens in die eigenen Handlungsmöglichkeiten stärken. Der Aufbau eines Repertoires verschiedener Bewältigungsstrategien würde im Sinne einer *Stressimmunisierung* wirken." (Montada, zit. nach Göppel, 1997, 286)

Die Forderungen, die sich aus dem bisher Gesagten für die pädagogische Praxis ergeben, sind allerdings nicht in einem einfachen Rezept zusammenzufassen: Resilienz ist nicht einfach herzustellen. – Rutter meint dazu: „Ich denke, die Qualitäten, die wir den Kindern wünschen, ist erstens ein Gefühl von Selbstvertrauen und Selbstwirksamkeit – ein Gefühl sowohl vom eigenen Wert sowie ein Gefühl, dass man mit den Dingen klar kommt, dass man kontrollieren kann, was mit einem passiert. Eines der auffälligsten Merkmale von Problemfamilien ist, dass sie das Gefühl haben, gänzlich vom Schicksal abhängig zu sein, welches ihnen immer übel mitspielt. Eine wichtige Qualität ist also das Gefühl, tatsächlich Herr des eigenen Schicksals zu sein." (Rutter, zit. nach Göppel,1997, 286 f.)

## 2.3 Bindungsforschung – J. Bowlby

In der Bindungstheorie von John Bowlby und ihrer späteren Erweiterung durch seine Mitarbeiterin Mary Ainsworth wird auf einen Zusammenhang zwischen psychischen Störungen und belastenden familiären Verhältnissen hingewiesen. Anders als in der klassischen psychoanalytischen Theorie, die zwar ebenfalls den Ursprung von Persönlichkeitsstörungen in frühkindlichen Erfahrungen verortete, allerdings im Konflikt libidinöser und aggressiver Triebenergien oder angeborener Urfantasien vermutete, ging es Bowlby um die *realen* Lebenserfahrungen der Kinder, die er als maßgeblich für die Ausgestaltung der kindlichen Fantasieszenarien sah. Die liebevolle, verlässliche und kontinuierliche Beziehung zu einer Bezugsperson wird bei Bowlby als zentrale Vorraussetzung für die gesunde psychische Entwicklung des Kindes postuliert (vgl. Göppel, 1997, 151).

Die zentralen Merkmale der Bindungstheorie sind (nach Göppel, 1997, 153):
- Das Bindungsverhalten hat den Sinn, Nähe zu einer Sicherheit verbürgenden Bindungsfigur herzustellen oder aufrechtzuerhalten.
- Das Bindungsverhalten steht im Wechselspiel zu einem anderen elementaren Antriebssystem des Menschen – dem Explorationsverhalten. Wird durch Bedrohung von außen das Bindungsverhalten aktiviert, wird das Explorationsverhalten unterbrochen (vgl. Abschnitt 5.2.2.2).

- Das Bindungsmotiv ist nicht nur während der Kindheit von Bedeutung, sondern stellt ein lebenslanges Thema dar. Es hat die Funktion, Nähe und Vertrautheit herzustellen und emotionale Sicherheit zu vermitteln.

- Das Bindungsverhalten des Kindes kann als Ausdruck eines instinktgesicherten Verhaltenssystems betrachtet werden, das darauf abzielt, eine Homöostase im Bereich des eigenen Empfindens von Sicherheit und Wohlbefinden und damit in der Nähe-Distanz-Regulation mit der bedeutenden Bindungsperson aufrechtzuerhalten.

- Die frühkindlichen Bindungserfahrungen haben maßgeblichen Einfluss darauf, wie das erwachsene Individuum Bindungen erlebt, da diese frühen Erfahrungen in Form von Arbeitsmodellen („inner working models") verinnerlicht werden. Diese Modelle enthalten generalisierte Vorstellungen über Verlässlichkeit, Verfügbarkeit und Wohlwollen der Bindungspartner, als auch Überzeugungen von Vertrauens- und Liebenswürdigkeit der eigenen Person, sowie von der prinzipiellen Möglichkeit, Einfluss auf das Verhalten der bedeutenden Bezugsperson nehmen zu können.

Resilienz bedeutet für Bowlby keineswegs Unverwundbarkeit, sondern „die Fähigkeit oder Unfähigkeit, anderen gegenüber Gedanken und Gefühle auszudrücken und deren Trost und Unterstützung zu suchen, welche sich als entscheidende Variable erweist. Diejenigen, die in ihrer Kindheit unter schwierigen Umständen mit einer verständnisvollen Antwort rechnen konnten, werden auch in gegenwärtigen Krisen auf etwas ähnliches hoffen, während diejenigen, die in ihrer Kindheit Zurückweisung und Verachtung erfuhren, auch im Erwachsenenleben etwas ähnliches erwarten werden, wenn sie in Belastungssituationen geraten" (Bowlby, zit. nach Göppel, 1997, 157). Um Resilienz entwickeln zu können, müssen Kinder gemäß der Bindungstheorie ein Mindestmaß an Zuwendung und empathischer Betreuung erfahren haben. Sind die primären Bezugspersonen dazu nicht in der Lage, so ist es auch möglich, dass andere signifikante Erwachsene diese Aufgabe übernehmen.

Betrachtet man diese Aussage Bowlbys im vorliegenden Zusammenhang, nämlich der Situation von Kindern in alkoholbelasteten Familien, so kann man sie als Hinweis darauf verstehen, wie wichtig gerade für diese Kinder verlässliche, liebevolle Bezugspersonen *außerhalb* der Familie für die Persönlichkeitsentwicklung und Sozialentwicklung dieser Kinder sind. Personen die das Kind außerhalb der Familie unterstützen, können Verwandte genauso wie Lehrer und Berater sein.

Grossmann und Grossmann (vgl. Göppel, 1997, 181) konnten mithilfe empirischer Studien Zusammenhänge zwischen frühkindlicher Sozialerfahrung, daraus resultierenden frühen Beziehungsmustern und späteren Problembewältigungsstrategien darstellen. Betrachtet man das kindliche Bindungssystem als „instinktiv verankerten Mechanismus der Schutzsuche" (ebd.) bei potenziellen Gefahren, so kann man aus der Qualität der Bindung auf die Qualität des „Stressmanagements" schließen. Unsicher gebundene Kinder, die in der Beziehung zur primären Bezugsperson erfahren, dass ihr Weinen ihre Bezugsperson ärgerlich oder abweisend stimmt, statt sie zu Zuwendung zu bewegen, lernen ihre Bedürfnisse zu verbergen. Sie tun so als ob sie die Zuwendung gar nicht brauchen.

Sichere Bindung kann nach Grossmann und Grossmann zur Ausbildung von Resilienz beitragen, da sie emotionale Integrität und Kohärenz herstellt. „Emotionale Integrität und Kohärenz ist die Fähigkeit, negative und positive Gefühle auf ihre externen Ursachen zurückzuführen, als gegeben zu akzeptieren und die erlebten Konflikte durch aktives, wirklichkeitsbezogenes Handeln und Kommunizieren, z. B. indem man um Hilfe bittet, zu lösen." (Grossmann u. a. zit. nach Göppel, 1997, 182) Dieses Bindungsgefühl als internalisiertes Ordnungsgefüge im Menschen kann als Grundlage des Vertrauens in das soziale Miteinander, die eigenen Fähigkeiten und die Zuversicht, dass alles gut gehen wird, interpretiert werden. Diese Annahmen sind verwandt mit dem Konzept der Salutogenese von Antonovsky und können als das Gegenteil dessen, was Seligman als „erlernte Hilflosigkeit" beschrieb, bezeichnet werden (vgl. Göppel, 1997, 182).

Dennoch kann auch bei der frühkindlichen Bindungsqualität nicht von einer Prägung im Sinne eines determinierenden Faktors für das restliche Leben ausgegangen werden: Sichere Bindung im ersten Lebensjahr ist ebenso keine Garantie für eine geglückte Entwicklung wie auch unsichere Bindung nicht zwangsläufig zur Verhaltensstörung führt. „Sichere Bindung an die primäre Bezugsperson kann nicht das *alleinige* Kriterium für eine gesunde psychische Entwicklung sein." (Nuber, 1995, 60, Hervorhebung K. C.)

Darüber hinaus ist eine starke, sichere Bindung ein Schutzfaktor in der frühen Kindheit, die nach Nuber ihre Schutzfunktion im Erwachsenenalter aber auch verlieren kann. Nuber interpretiert dabei sichere Bindung aber eher als Verwöhnung, die den Heranwachsenden daran hindert, selbstverantwortlich zu handeln und seine Frustrationstoleranz herabzusetzen. „Ein kleines Mädchen, das in Boston heranwächst und eng an seine Mutter gebunden ist, die ihm Passivität, Abhängigkeit, Unterdrückung intellektueller Neugier und übertriebene sexuelle Zurückhaltung nahe bringt, wird Eigenschaften besitzen, die für Frauen im Amerika von heute nicht adaptiv sind." (Kagan, J. zit. nach Nuber, 1995, 61) Ich sehe allerdings die Gefahr übertrieben starker Bindung nicht darin, dass das *Kind* zu sehr verwöhnt wird und daher als *erwachsene Person* Strategien aufweist, die handlungshemmend sind, sondern dass übertrieben starke Bindung *zur falschen Zeit* entwicklungshemmend sein kann. Ebenso schädlich wie mangelnde Bindung zu seiner primären Bezugsperson für ein Kleinkind sein kann, kann eine zu starke Bindungsaufforderung an einen Jugendlichen sein, der sich aufgrund seines Entwicklungsalters von den Bezugspersonen ablösen muss. Die Bindungsstärke ist demnach nur ein Kriterium für Resilienz, wenn sie *synchron* zum Entwicklungsalter des Menschen erfolgt, andernfalls kann sie genau das Gegenteil bewirken (vgl. Abschnitt 5.2.2.3 und 5.2.2.3).

## 2.4 Einfluss des individuellen Temperaments auf das Gelingen der Bindung

Die Bindungsforschung rückt die Wichtigkeit der Bezugspersonen für die Gestaltung der Beziehung zwischen Bezugsperson und Kind und dessen gesunde Entwicklung des Kindes in den Vordergrund.
Damit verbunden ist allerdings die Gefahr der Annahme einer omnipotenten Rolle der Eltern bei der Herausbildung der kindlichen Persönlichkeit. Diese Annahme steht im Gegensatz zur heute allgemein verbreiteten Überzeugung, „dass das Kind selbst ein wichtiger und aktiver Agent in der Schöpfung seiner eigenen Umgebung ist" (Chess, zit.

nach Göppel, 1997, 227). Auch Alan Sroufe betont die aktive Rolle des Kindes beim Gelingen von Bindung.

Stella Chess und Alexander Thomas begleiteten beginnend in den 1950er-Jahren in einer groß angelegten Longitudinalstudie 133 Menschen vom Säuglingsalter bis ins junge Erwachsenenalter und dokumentierten ihre Entwicklungsverläufe. Die „New York Longitudinal Study" wird als Ausgangsstudie der modernen Temperamentsforschung gesehen. Sie untersuchte unterschiedliches Temperament der Kinder, die Kontinuität des Temperaments im Entwicklungsverlauf und die Auswirkungen des Temperaments auf die Persönlichkeitsentwicklung. Temperament definieren Chess und Thomas als „die *Art* des Verhaltens eines Individuums" (Chess/Thomas, zit. nach Göppel, 1997, 229) also *wie* etwas gemacht wird – im Gegensatz zu *was, wie gut* oder *warum* etwas getan wird. Die Temperamentsforschung untersucht die menschlichen Verhaltensstile, die sich aus neun verschiedenen Temperamentsdimensionen hochkomplex zu einem typischen Muster zusammensetzen. Chess und Thomas identifizierten aufgrund ihrer Untersuchungen drei Temperamentsprofile, sie sprechen von „einfachen", „schwierigen" und „langsam auftauenden" Kindern. Dabei betonen sie ausdrücklich, „dass, während bestimmte Verhaltensmerkmale und -muster eine wichtige Rolle bei der Genese von Verhaltensstörungen in der Kindheit spielen, das Temperament als solches keine psychischen Störungen hervorbringt. Vielmehr resultiert die abweichende Entwicklung aus der dissonanten Interaktion zwischen dem Kind mit seinen gegebenen Merkmalen und den bedeutsamen Aspekten seiner familiären und außerfamiliären Umwelt. Bestimmte temperamentsbedingte Reaktionsweisen mögen ein Risiko für das Kind darstellen, indem sie es ungewöhnlich verwundbar für Stress machen. Aber Verwundbarkeit bedeutet nicht Unausweichlichkeit" (Chess, zit. nach Göppel, 1997, 234). Umgekehrt kann man daraus auch schließen, dass bestimmte temperamentsbedingte Reaktionsweisen die Chance bieten, mit Stress *besser* umgehen zu können als andere. Auch bei E. Werner wird das kindliche Temperament als ein schützender Faktor für die kindliche Entwicklung neben Schutzfaktoren in der Familie und der Umgebung genannt. So ist damit zu rechnen, dass ein Kind mit einfachem Temperament in einer problembelasteten Familie eher positive, freundliche Reaktionen befördern kann und so Zuwendung und emotionale Nahrung evozieren kann, die einem Kind mit schwierigem Temperament in der gleichen Situation verwehrt blieben.

Die Erkenntnisse der Bindungsforschung können – auch wenn sie teilweise im Widerspruch zueinander zu stehen scheinen (vgl. Göppel, 1997, 233) – durch die der Temperamentsforschung ergänzt werden, da die Qualität und das Gelingen der Bindung nicht einseitig von der Bezugsperson ausgeht, sondern Ausdruck eines komplexen Ineinandergreifens des kindlichen Temperaments und des Eingehens darauf vonseiten der Bezugsperson ist. Die Klassifikationen der traditionellen Bindungsforschung in „sicher", „unsicher", „unsicher-ambivalent" und „unsicher-vermeidend" gebunden, können teilweise durch Unterschiede im kindlichen Temperament verursacht sein.

Chess und Thomas verorten in der *„Passung"* (Goodness-of-fit) zwischen kindlichem Temperament und sozialer Umgebung den Grund für das Gelingen von gesunden Entwicklungsverläufen. Sind die „erzieherische Haltung, Erwartungen, Ansprüche der Umgebung verträglich (...) mit den individuellen Möglichkeiten, Fähigkeiten und Temperamentsmerkmalen des jeweiligen Kindes", (Göppel, 1997, 235) so ist die Passung gelungen. Erst wenn ausgeprägte Diskrepanzen zwischen Temperament und Umgebung vorliegen, besteht nach Chess und Thomas die Gefahr einer Fehlentwicklung (ebd.).

## 2.5 Gesundes Familienklima – krank machendes Familienklima

Gelingende Individuation ist laut dem bisher Gesagten von der Interaktion mit einer gesunden Umgebung abhängig. Diese Umgebung muss verlässlich sein, Schutz und die Möglichkeit bieten, sich mit den altersadäquaten Entwicklungsaufgaben auseinandersetzen zu können. Die geglückte Auseinandersetzung mit der Umwelt und die gelungene Bewältigung von Problemen bewirkt beim Kind ein Gefühl von Selbstwirksamkeit und Selbstvertrauen.

Doch um sich mit Entwicklungskrisen auseinandersetzen zu können, braucht es Bezugspersonen, die dem Kind positive Erfahrungen ermöglichen. In Suchtfamilien sind die Bezugspersonen aber so sehr mit sich selbst beschäftigt, dass sie dem Kind den „Rücken" für seine Krisenbewältigung nicht „freihalten", sondern ihm im Gegenteil sogar noch eigene Probleme aufbürden.

Timmen Cermak listet die Merkmale einer gesunden Familie auf und stellt sie den Merkmalen einer durch elterlichen Alkoholismus gestörten Familie gegenüber (siehe nächste Seite). Wesentliche Merkmale, die als Voraussetzung für gesundes Aufwachsen gelten, sind demnach in der durch Alkoholabhängigkeit gestörten Familie nicht vorhanden. So werden in der Theorie von Erikson genauso wie in der Bindungstheorie von Bowlby z. B. die Merkmale Sicherheit, Beständigkeit und emotionale Präsenz der Bezugspersonen als wesentliche Grundlagen für gelingende Persönlichkeitsentwicklung genannt. Auch R. Spitz betonte, „dass (…) Hinwendung zur äußeren Welt, ein Mindestmaß an emotionaler Sicherheit voraussetzt" (Göppel, 1997, 93). Da diese Faktoren in alkoholbelasteten Familien nicht oder nur partiell vorhanden sind, können die Kinder kein Vertrauen zur Welt und damit gleichzeitig zu sich selbst aufbauen. Sie reduzieren ihre Ansprüche und schreiten nicht in dem Maße in die Welt aus, wie es ihrem Alter entsprechen würde.

Um sich und ihr wahres Selbst zu schützen, konstruieren sie ein falsches Selbst, übernehmen eine rigide Rolle. Darauf gehe ich dann im Abschnitt 4.3.2 genauer ein.

| Charakteristiken von<br>*gesunden Familien:* | Störungen verursacht durch<br>*elterlichen Alkoholismus:* |
| --- | --- |
| Sicherheit | • Emotionale Unverfügbarkeit der Eltern<br>• Kontrollverlust der Eltern<br>• Unfähigkeit, Kinder vor Gefahren zu schützen<br>• Direkter physischer, sexueller, emotionaler Missbrauch |
| Offene Kommunikation | • Geheimnisse des Friedens wegen<br>• Fassade der Normalität nach außen<br>• Kinder werden zu Vertrauten |
| Eigenverantwortlichkeit | • Limitierte Selbst-regenerierungsmöglichkeiten<br>• Bedürfnisse des Abhängigen sind vorrangig<br>• Probleme anderer sind wichtiger als die eigenen |
| Individualisierte Rollen | • Familienbedürfnisse diktieren Rollen<br>• Rollen werden starr, besonders in Stresssituationen |
| Beständigkeit | • Chaos/Willkür/Unvorhersehbarkeit<br>• Auflösung der Familie |
| Respektierung der Privatsphäre | • Eltern verletzen Grenzen der Kinder<br>• Geheimnisse werden mit Privatsphäre verwechselt<br>• Nichtrespektieren der individuellen Besonderheiten |
| Konzentrierte Aufmerksamkeit (zeitlich/qualitativ) | • Bestimmt durch die Bedürfnisse des Abhängigen, nicht des Kindes |
| Emotionale Präsenz | • Begrenzte emotionale Erlebnisfähigkeit<br>• Alkoholbeeinflusste Emotionen bleiben unverarbeitet |

(vgl. Cermak, 1990, zit. nach Eckstein, 1999)

## 3. Die schwierige Situation von Kindern mit suchtkranken Eltern

Um die Entwicklungsrisiken der Kinder aus alkoholbelasteten Familien vor der weiter oben beschriebenen Folie der hinreichend gesunden sozialen Umgebung beschreiben zu können, gehe ich im Folgenden auf die spezifische Familiensituation dieser Kindern ein, beschreibe ihren Alltag und die Mängel ihres Aufwachsens.

### 3.1 Wie viele Kinder leben mit einem alkoholkranken Elternteil?

Die Zahlen, die bezüglich der Alkoholabhängigen und deren Angehörigen und damit indirekt Betroffenen genannt werden, sind, besonders was die Zahl der betroffenen Kinder betrifft, alarmierend. Brakhoff spricht 1987 von zwei Millionen Suchtkranken in Deutschland (dabei sind Alkoholiker, Medikamentenabhängige und Abhängige von illegalen Drogen bereits eingerechnet) und mindestens vier bis fünf Millionen Angehörigen (Brakhoff, 1987, 7). Alfred Uhl geht für Österreich davon aus, dass fünf Prozent der über 16-Jährigen „chronische AlkoholikerInnen" und weitere 13 Prozent der ÖsterreicherInnen zu den AlkoholmissbraucherInnen zu zählen sind (Gschwandtner, 2002, 4).

Im Jahr 1998 lebten in Deutschland ca. 2,5 Millionen alkoholabhängige Menschen (RIAS-Information, 1998, 1), wobei laut einer Statistik der ambulanten Suchtkrankenhilfe EBIS zum Zeitpunkt der Untersuchung 45 Prozent der alkoholkranken Frauen und 32 Prozent der Männer in einem gemeinsamen Haushalt mit ihren Kindern lebten. Viel höher war die Zahl der Menschen, die zwar Kinder hatten, mit ihnen aber nicht zusammen wohnten. 75 Prozent der alkoholabhängigen Frauen und 63 Prozent der alkoholabhängigen Männer waren Mutter oder Vater von zumindest einem Kind. Dabei handelt es sich um rund 22.000 Kinder von alkoholkranken Eltern, die ein Angebot der Suchtkrankenhilfe in Anspruch nehmen. Jedoch nur zehn Prozent der Beratungsstellen haben ein Angebot für diese Kinder (vgl. Klein, M. 2001, 120). Die Gesamtzahl der Kinder, die in alkoholbelasteten Haushalten in unmittelbarer Umgebung ihrer kranken Eltern aufwachsen, wird auf 2 Millionen geschätzt. „Die Gesamtzahl der Kinder aus einer suchtbelasteten Familie in Deutschland beläuft sich auf ca. 8 Millionen Personen aller Altersstufen, davon 2 Millionen jünger als 18 Jahre." (Vgl. RIAS-Information, 1998, 1) 2003 spricht M. Klein bereits von 2,6 Millionen betroffenen Kindern (Familiengeheimnisse, 2003, Klein, M.).

In Österreich rechnet man nach einer konservativen Schätzung mit mindestens 100.000 Kindern, die mit einem manifest suchtkranken Elternteil in einem Haushalt zusammenleben. Bezieht man in diese Überlegungen neben den alkoholkranken Eltern noch die Alkohol missbrauchenden Eltern mit ein, so bedeutet dies, dass weitere 420.000 Kinder zumindest ein Elternteil haben, dessen Alkoholkonsum über der „Gefährdungsgrenze" liegt (siehe Gschwandtner, 2002, 5).

Man kann jedoch meiner Meinung nach davon ausgehen, dass die Dunkelziffern von alkoholbelasteten Familien noch wesentlich höher sind.

## 3.2 Der Familienalltag von Kindern aus alkoholbelastetem Umfeld

„In einer Familie mit einem Alkoholproblem kann sich kein Mitglied dem Geschehen entziehen, da die Abhängigkeit eines Elternteils das tägliche Leben der Familie grundlegend verändert." (Zobel, 2001, 38) „Die nicht kranken Familienmitglieder ändern ihr Verhalten innerhalb des Familiengefüges und gegenüber außenstehenden Personen entsprechend dem Fortschreiten und den unterschiedlichen Auswirkungen der Krankheit." (Bertling, 1993, 50) Bis allen klar ist, dass ein Familienmitglied abhängig ist, vergehen Jahre der Hoffnung, der Bagatellisierung und der Geheimhaltung. Die Kinder befinden sich in diesen Jahren in einer Situation der Ungewissheit und der steten Anspannung. „Das einzig Zuverlässige ist die Unzuverlässigkeit", umreißt Ingrid Arenz-Greiving diesen Zustand.

M. Klein spricht von „Duldungsstress", wenn die Situation als nicht veränderbar wahrgenommen wird, und von „Katastrophenstress", wenn es zu krisenhaften, bisweilen traumatischen Ereignissen kommt (vgl. Klein, M. 2001, 2). Beide Formen von Stress sind in Suchtfamilien an der Tagesordnung:

Die Atmosphäre in einer Alkoholikerfamilie ist gespannt, die Beziehung zwischen den Eltern leidet unter der Sucht des abhängigen Elternteils, Streit und (oft auch körperliche) Auseinandersetzungen kommen häufig vor. Die Kinder versuchen sich auf die Stimmungsschwankungen der Eltern einzustellen, dabei kommen Gefühle der Entspannung und das Gefühl, geliebt zu werden als der, der man ist, eindeutig zu kurz. Kaum beruhigt sich die Atmosphäre zwischen den Eltern, kommt Hoffnung auf und wird schon im nächsten Moment wieder zunichte gemacht. Das Leben mit alkoholbelasteten Bezugspersonen bedeutet ein ständiges Wechselbad der Gefühle.

Die Kinder erleben ihre Bezugspersonen bisweilen in extremen körperlichen Zuständen (Rauschzustände, Bewusstlosigkeit, Entzugserscheinungen) oder mit beängstigenden psychischen Symptomen (Suizidalität, Halluzinationen).

Der trinkende Elternteil wird sehr widersprüchlich wahrgenommen; ist er in einem Moment noch der liebevolle Vater/die liebevolle Mutter, so ist der gleiche Mensch im nächsten Moment ungehalten, ausfällig und aggressiv. Die Kinder sind häufig Misshandlungen ausgesetzt (sowohl körperlich, sexuell oder psychisch) und/oder werden vernachlässigt.

Die Stimmung innerhalb der Familie droht allerdings nicht nur wegen elterlicher Streitigkeiten zu kippen, sondern auch, weil die Launen des Alkoholkranken an sich unberechenbar sind. Versprechungen und Vorhersagen werden nicht eingehalten. Die Unzuverlässigkeit und Unberechenbarkeit des Abhängigen geht so weit, dass die Kinder das Gefühl bekommen, es mit zwei verschiedenen Menschen zu tun zu haben, da der nüchterne und der betrunkene Elternteil mitunter völlig verschieden sind. Kinder entwickeln in dieser Situation empfindliche Antennen, um rasch herauszufinden, in welchem Zustand sich der Alkoholiker momentan befindet, damit sie bei Gefahr möglichst „in Deckung gehen" können. Die Unberechenbarkeit bezieht sich auch auf das Erziehungsverhalten: Was heute belohnt wird – oft eine Folge des schlechten Gewissens, sobald der Alkoholiker nüchtern ist –, kann morgen bestraft werden. Eine unerträgliche

Situation für Kinder, die für ihr gesundes Aufwachsen Stabilität und Strukturen benötigen.

Da die Bedürfnisse des Süchtigen in seiner Familie an erster Stelle stehen, kümmert sich auch der nicht trinkende Elternteil unzuverlässig um die Kinder oder versucht sie gegen den Alkoholiker für sich zu gewinnen – oder der Alkoholiker geht in Koalition mit einem der Kinder, was das Kind in schwere Loyalitätskonflikte bringt, da es so zwischen beiden Elternteilen steht oder für einen Partei ergreifen soll, obwohl es doch beide liebt.

Die Kommunikation ist in Alkoholikerfamilien schwer gestört. Durch unausgesprochene Gesprächsverbote wird das Thema Alkohol aus der Kommunikation ausgespart, obwohl dieses Thema doch alle anderen Bereiche überschattet. „Stattdessen sind Unehrlichkeit, Lüge, doppeldeutige Aussagen, Beschimpfungen, Drohungen an der Tagesordnung (…), nicht feste Regeln bestimmen die Kommunikation, sondern die Macht des Stärkeren. Worte verlieren ihre Bedeutung und ihren Wert, so dass besonders die Kinder sich nur noch auf Tatsachen verlassen und dem gesprochenen Wort misstrauen." (Bertling, 1993, 53)

Das Nicht-Sprechen-Dürfen führt die Familie in immer größere Isolation, die vor allem von den Kindern als Belastung empfunden wird. Die Kinder ziehen sich zurück und trauen sich nicht, Freunde mit nach Hause zu bringen, da sie nicht möchten, dass jemand bemerkt, was zu Hause los ist.

## 4. Betrachtung der Familie als System

Um analysieren zu können, wieso alle Personen in der Familie von der Sucht *eines* Familienmitgliedes betroffen sind, ist die Betrachtung der Familie aus systemischer Sicht geeignet. Besonders für das Verständnis der Entstehung von Angst, niedrigem Selbstwertgefühl und psychosomatischen Erkrankungen erscheint mir die Beleuchtung der suchtbelasteten Familie aus systemischer Perspektive sehr aufschlussreich.

Die systemisch orientierte Familientherapie sieht als Grundeinheit des Lebens und der Entwicklung nicht den individuellen Organismus, „sondern das gesamte Öko-System, in das er eingebettet ist und auf das er ebenfalls selbst einwirkt" (Schmidt, 1987, 27). Dabei wird Familie als ein offenes, lebendes, soziales, sich selbst regulierendes System verstanden. Betrachtet man die Familie als System, so basiert diese Annahme auf kybernetischen Gesichtspunkten. „Die Kybernetik beschreibt die nichtlineare Bezogenheit aller Dinge miteinander, die durch Rückkopplung das Aufrechterhalten eines Gleichgewichtes anstreben." (V. Schlippe, zit. nach Ehrenfried et al. 2001, 121) Auch eine Familie stellt ein vielfältiges System von Beziehungen dar. In diesem System sind alle Individuen miteinander wechselseitig verbunden. So stellt z. B. eine Familie mit fünf Mitgliedern ein System mit zehn Beziehungen dar. Dieses Streben nach Gleichgewicht (Homöostase) lässt sich anhand eines Vergleiches mit einem Mobile (vgl. Zobel, 2001; Ehrenfried et al. 2001; Rennert, 1990) darstellen: „Die einzelnen Mitglieder sind einerseits individuelle Personen, gleichzeitig sind sie aber auch miteinander verbunden: im Mobile durch Drahtbügel und Fäden, in der Familie durch Traditionen, ausgesprochene und unausgesprochene Familienregeln." (Zobel, 2001, 64) Wenn ein Familienmitglied – oder ein Teil des Mobiles – unter Druck gerät und damit schwerer wird, dann setzt sich das Mobile in Bewegung, bis es wieder sein Gleichgewicht und neue Stabilität gefunden hat. Während dieses Strebens nach Gleichgewicht handeln die einzelnen Personen individuell, doch insgesamt versuchen alle die Balance wieder herzustellen.

Auch in alkoholbelasteten Familien strebt das Familiensystem danach, die Belastung die durch den Suchtkranken entsteht, wieder auszugleichen. Die auftretenden Symptome werden nach systemischer Sicht nicht unbedingt als Defizit definiert, sie werden v. a. daraufhin hinterfragt, welche *Funktion* sie für das Beziehungsgleichgewicht in der Familie haben (vgl. Schmidt, 1987, 30). Diverse Ausgleichsbewegungen geschehen zwar zulasten der Individuen, versuchen aber den drohenden Zerfall des Systems zu vermeiden. Die Individuen beeinflussen einander wechselseitig und synchron, es ist kein Anfangspunkt, keine Ursache für die Handlungen der Systemmitglieder auszumachen. Aus der systemorientierten Perspektive ist nicht die Ursache des kreisförmigen Ablaufes von Wichtigkeit, sondern die Regeln und Organisationsprinzipien, nach denen dieser Prozess funktioniert. Die *Regeln und Organisationsprinzipien* des Familiensystems zeigen sich in Form der Glaubenshaltungen und Weltanschauungen der Mitglieder (vgl. Schmidt, 1987, 29).

## 4.1 Allgemeine Kriterien familiärer Systemorganisation

Als wichtigste *Kategorien der Organisation von Familiensystemen* gelten (vgl. Schmidt, 1987, 32f.):
- *Merkmale der Kohäsion*: Darunter wird das Ausmaß an Bindung verstanden, das von den Familienmitgliedern hergestellt wird und welches das System zusammenhält.
- *Merkmale der Anpassungs- und Entwicklungsfähigkeit eines Systems*: Jedes System steht immer wieder vor der Aufgabe, sich aufgrund äußerer Anforderungen (aus der Umwelt kommend) oder aufgrund innerer Notwendigkeiten (Weiterentwicklung der Familienmitglieder) zu wandeln, ohne dabei zu zerfallen. „Die Höhe der Anpassungsfähigkeit einer Familie drückt sich z. B. in der Fähigkeit aus, seine Machtverteilungen, Rollendefinitionen und Umgangsregeln entsprechend der gegebenen Situation und der jeweiligen Entwicklungsanforderungen an das System zu verändern." (Schmidt, 1987, 33)

Wie dicht die Bindung in einer Familie ist, lässt sich z. B. an der Art der Grenzziehung zwischen den Familienmitgliedern (dabei sind Generationsgrenzen, Grenzen des individuellen Freiraumes, Grenzen der Privatsphäre ebenso relevant wie Eindeutigkeiten in der Verantwortungszuschreibung) und an der Grenzziehung zwischen dem Familiensystem und der Außenwelt ablesen. Auch die Gestaltung der Koalitionen zwischen den Systemmitgliedern gibt über Art und Stärke der Bindung Aufschluss. Die Eindeutigkeit und Einhaltung von Grenzen sowohl innerhalb der Familie als auch nach außen ist ein zentrales Merkmal einer gesunden Familie. Die Grenzregulation bestimmt das Potenzial an Flexibilität und Anpassungsfähigkeit des Familiensystems.

Jedes Familienmitglied befindet sich in einem Spannungsfeld von zentripetalen (Bindung) und zentrifugalen (Differenzierung) Kräften. Gelungene Individuation zeichnet sich durch einen dynamischen Balanceakt dieser Kräfte aus. Das Individuum entwickelt sich als „eigenständige, separate Einheit innerhalb eines Beziehungsgefüges (…), in dem es fest verankert war" (Schmidt, 1987, 33). Im Entwicklungs- und Differenzierungsprozess der Familienmitglieder werden sich die einzelnen Personen (insbesondere die Kinder und Jugendlichen) „ihrer eigenen Gefühle, Gedanken und Wahrnehmungen gegenüber den Orientierungen der anderen Menschen" (Schmidt, 1987, 34) bewusst. Würde dem nichts entgegenwirken, steuerte das System auf seinen Zerfall zu, da sich die Mitglieder als Vereinzelte wahrnehmen würden. Daher ist diesem Vorgang das Ringen um das Gefühl der Zugehörigkeit zum übergeordneten System der Familie gegenübergestellt. In einem Prozess der Kompromissfindung finden unablässig Verhandlungen über Abgrenzung auf der einen und Integration der Mitglieder auf der anderen Seite statt.

„Zu viel Bindung in einer Familie hat meist zur Folge, dass die Beteiligten keine Möglichkeit eigenständiger Entwicklung und keinen wachstumsfördernden Austausch mit der Außenwelt herstellen können. So bleibt die Differenzierung zur individuellen Persönlichkeit rudimentär. Zu wenig Bindung aber kann zur Verwahrlosung, zu autodestruktiven Verhaltensweisen der Beteiligten und zum totalen Verlust des Lebenssinns führen." (Schmidt, 1987, 34)

Man kann diesen Balanceakt auch an der Gestaltung der Grenzen beobachten: „Bestimmte Funktionen in der Familie sind der Elternrolle, andere der Kinderrolle zugeordnet, wieder andere der Ehepaar- oder der Geschwisterebene. Wechselseitige Ergänzungen und Bestätigung darin ergeben die Funktionalität der Familie." (Schmidt, 1987, 34) Sind nun die Grenzen zwischen den Generationen zu durchlässig, wird den Kindern entweder die Rolle der Eltern zuerkannt (Parentifizierung) oder sie werden zum Ersatzlebenspartner eines Elternteils und fungieren als Gesprächspartner für intimste Bereiche (Koalitionsbildung). Oder sie erhalten die Rolle des Schiedsrichters zwischen den Ehepartnern. Sind die Generationsgrenzen zu rigide, kann das dazu führen, dass „die Kinder keine Selbststeuerungsfähigkeit entwickeln, da sie z. B. keine Einsicht in Entscheidungsfindungsprozesse bekommen können" (Schmidt, 1987, 35).

Ob Individuation gelingt, ist aus systemischer Sicht nicht nur vom jeweiligen Individuum abhängig, sondern auch von den Regelungsprozessen und Organisationsmustern im Familiensystem.

## 4.2 Typische familiäre Organisationsmuster in Suchtfamilien

Suchtbelastete Familien verfügen über einige wesentliche, typische Merkmale in der Systemorganisation.

### 4.2.1 *Das Familienmuster der Unentrinnbarkeit*

„Das wesentliche Übereinstimmungsphänomen ist die Entwicklung und Aufrechterhaltung massiver Abhängigkeitsmuster sowohl in den Beziehungen als auch zu bestimmten Beziehungssurrogaten wie z. B. Suchtmittel." (Schmidt, 1987, 35) Zobel spricht von einer Art „Liebesbeziehung des Süchtigen zu seinem Suchtmittel" (Zobel, 2001, 73). Ehrenfried et al. bezeichnen den Alkohol als „Familienmitglied" und verdeutlichen damit die enge Bindung aller Familienmitglieder aneinander und an das

Suchtmittel. Die Kohäsion in Suchtfamilien ist im Allgemeinen sehr hoch, so hoch, dass die familiäre Zusammengehörigkeit als zwingend und unentrinnbar erscheint. „Das Muster der Abhängigkeitsgestaltung spiegelt sich nun nicht nur in Bezug auf das Suchtmittel, sondern der Umgang mit dem Suchtmittel ist eine Wiederholung eines grundsätzlichen Beziehungsmusters. Die Menschen entwerfen ein Bild von sich, dass sie nicht allein bestehen können mit ihren Problemen, sondern Rettung nur von außen kommen kann. Man gewinnt für sich den sich stets aufs Neue bestätigenden Eindruck, dass man ohne den anderen nicht auskommt. Typischerweise ist dies mit der Grundregel verbunden, immer an die eigenen Belastungsgrenzen zu gehen. Es ist im familiären Geschehen nicht erlaubt, sich abzugrenzen, eine Überschreitung über die eigenen Belange und Verantwortlichkeiten hinaus ist typisch. Als problematisch erweist sich somit insbesondere die Regulierung von Nähe und Distanz sowie von Verantwortlichkeiten." (Ehrenfried et al., 2001, 29)

### 4.2.2 *Der Umgang mit Konflikten*

Eine unausgesprochene Regel in alkoholbelasteten Systemen lautet: Es ist ein Tabu, Konflikte offen auszutragen. Es ist ein Tabu, das Thema Sucht und Alkohol anzusprechen. Offene Auseinandersetzungen und der Ausdruck von individuellen Empfindungen und Gedanken bedeuten eine zu große Belastung und Gefährdung für die starre, enge Familienkohäsion. Die Regulierung von Spannungen und Konflikten muss extrem „systemschonend" stattfinden – auch wenn das auf Kosten der Individuen geht. Eine Lösung ist „Verleugnung, Konfliktumleitung über gegenseitige indirekte Abwertung, die Entwicklung von Sündenbockpositionen" (Schmidt, 1987, 38).

### 4.2.3 *Das Suchtmittel als Organisations- und Regulationsinstrument*

Sehr häufig werden Konflikte in psychosomatische Beschwerden umgewandelt – ein Problemlösungsversuch, der dem des Suchtverhaltens sehr ähnlich ist; denn für den „Sachzwang" der Krankheit kann der Erkrankte augenscheinlich nichts und kann deshalb ebenso wenig zur Verantwortung gezogen werden, wie der Süchtige für seine Sucht. Wie auch der Alkohol, stellt die psychosomatische Erkrankung eine Vermittlungsinstanz dar. Nach dieser Sicht wird Alkoholismus als Lösungsstrategie verstanden, mit deren Hilfe der Süchtige versucht, Probleme in seinem Leben zu bewältigen, ohne dafür direkt die Verantwortung übernehmen zu müssen. Der Alkohol übernimmt dabei die Funktion der Vermittlungsinstanz, mit dessen Hilfe Konflikte organisiert werden und eine Regulation von Nähe und Distanz im Familiensystem stattfindet.[8]

Die Partnerbeziehungen mit einem alkoholkranken Teil sind häufig komplementär aufgebaut. Der Rolle des nicht trinkenden, alles kontrollierenden, für alles verantwortlichen Partners steht die Rolle des sich jeder Verantwortung entziehenden, unkontrolliert trinkenden Partners gegenüber. Zwischen den Partnern werden „ständig ‚double-binds' kommuniziert, d. h. die Forderungen nach Autonomie des Partners werden kombiniert mit dem Versuch, diese Autonomie zu lenken" (Schmidt, 1987, 39). Der Alkoholiker fühlt sich dabei immer wieder überwacht oder kontrolliert und bricht aus

---

[8] Im Abschnitt 5.2.2.3 und 5.2.2.4 komme ich darauf zurück.

diesem Zustand mithilfe des Alkohols aus (indem er sich *unzurechenbar* macht und sich *unkontrolliert* benimmt), gleichzeitig entkommt aber auch der nicht trinkende Partner nicht dem System, da der Süchtige den Appell an ihn richtet: „Ich kann ja nichts dafür, dass ich getrunken habe, würdest du mich mehr lieben, unterstützen, aufmuntern … anstatt mich zu kontrollieren, müsste ich ja nicht trinken, um mich deiner Kontrolle zu entziehen."

Sind in der Suchtfamilie Kinder, übernehmen meist sie die Rollen zur Regulation und stabilisieren somit das System. Das bedeutet, die Kinder übernehmen die Rolle eines *Vermittlers* zwischen den Eltern, ähnlich wie auch psychosomatische Erkrankungen oder wie der Alkohol als Lösungsversuch für Probleme und Konflikte. Dabei entwickeln sich generationsüberschreitende Koalitionen zwischen einem Elternteil und einem Kind, oder bei mehreren Kindern kann es zu einer Art „Arbeitsteilung" (Schmidt, 1987, 40) kommen, indem ein Kind Koalitionspartner des Vaters wird und ein anderes in Koalition mit der Mutter tritt.

Dieser *Triangulationsprozess* (Entwicklung eines perversen Dreiecks) kann entweder zur *Koalitionsbildung* führen, was die Kinder in einen massiven Loyalitätskonflikt gegenüber dem anderen Elternteil stürzt, oder aber er führt zur Umlenkung des Problems auf ein Kind, das die *Sündenbockrolle* einnimmt. In beiden Fällen wird das System stabilisiert, weil das Problem vom „Hauptkriegsschauplatz" der Eltern abgezogen wird.

### 4.2.4 *Die Art der Grenzziehung und Anpassung an Veränderung*

In einer Suchtfamilie sind die innerfamiliären Grenzen fast immer extrem diffus. Das betrifft sowohl die intergenerationalen Grenzen (Eltern-Kind-Koalitionen) als auch die interpersonellen Grenzen im Allgemeinen wie z. B. „den Bereich der eigenständigen Verantwortungsübernahme, Respektieren von Intimbereichen usw." (Schmidt, 1987, 41). Gleichzeitig sind die Grenzen nach außen zur Umwelt sehr starr und meist ist die Familie so abgeschottet, dass die Familienmitglieder sich sehr isoliert fühlen. „(…) die Welt (wird) in eine gute und böse gespalten. Die Außenwelt wird abgewertet, während die Familie, die das Gute verkörpert, idealisiert wird (...). Direkte, aggressive Äußerungen sind verpönt, sodass sie nach außen projiziert werden oder sich in Krankheitssymptomen manifestieren." (Flöttmann, 1993, 62)

Die Anpassungsfähigkeit des alkoholbelasteten Familiensystems ist sehr gering, da kein Gleichgewicht zwischen Stabilität und Durchlässigkeit der Grenzen zustande kommen kann. Um den Zerfall des rigiden Systems zu verhindern, schließt sich die Alkoholikerfamilie gegenüber der Umwelt weitestgehend ab und trachtet danach, im Inneren der Familie die Persönlichkeitsentwicklung der Familienmitglieder zu verhindern.

Sich klar abzugrenzen wird von den Mitgliedern einer Suchtfamilie als hartherzig und gleichgültig interpretiert (vgl. Schmidt, 1987, 43). Die Familie reagiert äußerst irritiert, wenn ein Familienmitglied den Zusammenhalt durch Veränderungen stört. Solch eine massive Veränderung ist z. B. die Ablösung eines Jugendlichen in der Pubertät. Jugendliche fühlen sich in der entwicklungsbedingt notwendigen Ablösephase durch die Familienkohäsion zurückgehalten. Sie fühlen sich verantwortlich für das Wohl des Süchtigen und die „permanente Notsituation" (Schmidt, 1987, 43), in der die Familie sich befindet. So werden aus schlechtem Gewissen gegenüber der Familie Ablöseprozesse verhindert, verzögert oder bereits begonnene Ablösungsschritte wieder gestoppt. Jugendliche handeln nach der für alkoholbelastete Familien typischen Glaubenshaltung, dass angesichts der Notlage der Familie die eigenen Bedürfnisse nicht so wichtig sind.

Da die beteiligten Kinder sich zwar einerseits stark verantwortlich fühlen für das Wohlergehen der Eltern – was so weit geht, dass sie die Rolle der Ersatzeltern übernehmen (Parentifizierung) und sich Verantwortung aufbürden lassen, die sie überfordert –, aber andererseits bemerken, dass ihr kompetentes, verantwortungsbewusstes Verhalten den Süchtigen in seiner Rolle als „inkompetentes Kind" (Schmidt, 1987, 45) demütigt, geraten sie in eine Lose-Lose-Situation und empfinden starke Schuldgefühle. Da aus diesem „double-bind" kein Entkommen ist, reagieren Kinder und Jugendliche oft mit einer latent-depressiven Haltung. Wie bereits weiter oben angemerkt wurde, suchen die Kinder nach Lösungsstrategien, um sich zwar von der Familie abzugrenzen, sich zu den Abgrenzungswünschen aber nicht offen bekennen zu müssen. Eine solche Lösungsmöglichkeit ist die psychosomatische Erkrankung. Diese „Wahl" geschieht natürlich unbewusst, ermöglicht allerdings dem Kind oder Jugendlichen eine passive Form der Verweigerung, die ihm aktiv nicht möglich wäre.

### 4.2.5 *Der Umgang mit Gefühlen*

Wie schon erwähnt, würde der Ausdruck von Gefühlen und der Austausch von Meinungen das labile System einer alkoholbelasteten Familie zu stark infrage stellen. Gefühle sind wohl der deutlichste Ausdruck individuellen Seins und das wird als Bedrohung für das System empfunden. Daher wird über Gefühle meist nicht gesprochen. Die unangenehmen Gefühle, auch das Vorhandensein von Beziehungsproblemen und einem Suchtproblem werden verleugnet und dissoziiert[9]. Positive Gefühle werden entweder nicht mehr wahrgenommen oder ebenfalls verleugnet, da eine unausgesprochene Familienregel lautet, dass sich niemand in der Familie besser fühlen darf als der Alkoholiker. Dagegen zu verstoßen würde einem Verrat gleichkommen.

### 4.2.6 *Der Ausdruck der Familiensituation im kindlichen Verhalten*

Affektive Äußerungen und spontanes Verhalten werden aufgrund dessen, was die Kinder mit ihren Eltern erleben, als gefährlich angesehen. Da sie sich vor der Gefahr eines drohenden Kontrollverlustes ängstigen, legen die Kinder ein eher starres, extrem kontrolliertes Verhalten an den Tag. Sie versuchen nicht nur die Situation, sondern auch ihre eigenen Gefühle ständig „im Griff" zu haben, aus Angst „alles könnte außer Kontrolle geraten". Diese Daueranspannung ist sehr kräfteraubend. Kinder, die sich auf diese Art ständig „zusammenreißen", haben auch nicht die Heiterkeit und Gelassenheit, um zu spielen.

---

[9] Kaniak-Urban (1995, 72) beschreibt den Unterschied zwischen assoziiertem und dissoziiertem Erleben: „Es ist ein Unterschied, ob ich auf einem Rummelplatz in einer Achterbahn Platz nehme und das Hinauf und Hinunter mit meinem gesamten Organismus erlebe (ich bin), oder ob ich außen stehe und die Menschen (oder mich selbst in einem Film) in der Achterbahn betrachte (ich habe). Überblick und Kontrolle habe ich beim dissoziierten Erleben, hier kann ich auch Entscheidungen aufgrund einer größeren und differenzierteren Zahl von Informationen treffen."

Für das bessere Verständnis des Zusammenhanges zwischen Familiensituation und kindlichem Verhalten müssen die typischen Regeln und Rollen in Suchtfamilien näher betrachtet werden.

## 4.3 Familienregeln – Familienrollen

„Die Besonderheit für die psychische und psychosoziale Entwicklung von Kindern in Suchtfamilien wird allgemein darin gesehen, dass sich typische Interaktionsmuster entwickeln. (…) Diese Interaktionsmuster werden als dysfunktional beschrieben, da sie auf rigiden Rollenmustern sowie problematischen kognitiven Schemata und Glaubenssätzen beruhen." (Ehrenfried et al., 2001, 18)
Auf die Rollenmuster wird weiter unten näher eingegangen. Was hat man sich unter Glaubenssätzen und kognitiven Schemata vorzustellen?

### 4.3.1 *Regeln*

„Der Schlüssel für die Probleme von ‚erwachsenen Kindern' von Alkoholikern liegt nicht unbedingt darin, *was* in der Herkunftsfamilie *passiert* ist, sondern von Bedeutung ist, was die Lektion war, die man lernte, was die Regeln waren, nach denen man lebte." (Arenz-Greiving, 2003, 23)

Sowohl Sharon Wegscheider als auch Claudia Black haben die Regeln und Glaubenssätze in Alkoholikerfamilien schlagwortartig zusammengefasst:

Nach Wegscheider lebt die Alkoholikerfamilie nach folgenden unausgesprochenen Regeln:

- „Das Wichtigste im Familienleben ist der Alkohol.
- Der Alkohol ist nicht die Ursache von Problemen.
- Der abhängige Elternteil ist nicht für seine Abhängigkeit verantwortlich, schuld sind andere oder die Umstände.
- Der Status quo muss unbedingt erhalten bleiben, koste es, was es wolle.
- Jeder in der Familie ist ein ‚enabler' (Zuhelfer).
- Niemand darf darüber reden, was ‚wirklich' los ist.
- Niemand darf sagen, wie er sich wirklich fühlt."

(Wegscheider, zit. nach Zobel, 2001, 40)

Nach Black lauten die Familienregeln:

- *Rede nicht:* Weder innerhalb noch außerhalb der Familie darf über die Alkoholprobleme des Abhängigen gesprochen werden. Am besten ist es, sie nicht nur zu verschweigen, sondern ihr Vorhandensein sogar zu verleugnen und nicht wahrzunehmen. Diese Erfahrung der Verleugnung des Alkoholismus gibt den Kindern das Gefühl, dass niemand für sie da ist, um ihnen zu helfen. Nicht zu reden zementiert ihre ausweglose Lage.

- *Traue nicht:* „Kinder, die in Alkoholikerfamilien heranwachsen, bekommen ständig Widersprüchlichkeiten zu hören, die sie lehren niemandem zu vertrauen. Ein Elternteil erzählt seinem Kind oft absichtlich etwas Falsches, in dem kläglichen Versuch, ihm die Wahrheit zu ersparen. Eine Mutter erzählt ihren Kindern, dass sie glücklich ist, wenn es ihr ganz offensichtlich schlecht geht. (…) Das Kind ist verwirrt, denn es hört einerseits die Worte eines seiner Eltern und sieht andererseits aus seinen Bewegungen und seinem Tonfall genau das Gegenteil." (Black, 1988, 56) So müssen sie ständig rätseln, was die Wahrheit sein könnte und lernen dabei, dass es sicherer ist, weder seinen eigenen Empfindungen zu trauen noch den Aussagen der anderen.

- *Fühle nicht:* Da Kinder in alkoholbelasteten Familien die Erfahrung machen, dass man seinen Gefühlen und anderen nicht trauen kann, entwickeln sie ein umfassendes Verleugnungssystem. Die Unterdrückung der massiven Gefühle der Angst, Schuld, Wut, Einsamkeit usw. erleichtert ihnen das Leben, da sie sich von ihnen überfordert fühlen und die Erfahrung machen, dass es in der Familie niemanden gibt, der sie bei der Bewältigung ihrer Situation unterstützt. Die Kinder wirken mitunter sehr kompetent, verantwortungsbewusst und perfektionistisch – eine Fassade, die sie sich zugelegt haben, um ihre wahren Gefühle zu verstecken.

Der Ansatz des Psychologen Robert Subby impliziert die Annahme eines familiären Gleichgewichts, das durch Regeln aufrechterhalten wird. Er nennt für alkoholbelastete Familien typische *Regeln,* z. B.: „Man spricht nicht über Probleme. – Gefühle sollten nicht offen gezeigt werden. – Kommunikation sollte indirekt stattfinden, wobei eine Person als Botschafter zwischen zwei anderen agiert (Triangulation). – und *Unrealistische Erwartungen*: Sei stark, gut, perfekt. Mach alles richtig. Mach uns stolz. ‚Sei nicht egoistisch'. – Handle nach dem was ich sage – nicht nach dem was ich selbst tue. – Es ist nicht erlaubt, zu spielen oder spielerisch zu sein. – Nichts in der Familie darf sich ändern." (Subby, zit. nach Rennert, 1990, 163)

Diese Regeln dienen dazu, dass die Sucht des abhängigen Elternteils unangetastet und unhinterfragt bleibt, der Zugriff auf das Suchtmittel weiterhin garantiert und die Abwehr des Süchtigen geschützt wird. Da die Kinder von Anfang an in diese Regeln hineinwachsen, empfinden sie diese als absolut normal. Sie zweifeln an ihren eigenen Wahrnehmungen, sofern sie den Glaubenssätzen der Familie widersprechen, und verleugnen ihre Gefühle. „Kinder halten die Welt, in die sie hineingeboren werden, zunächst für die einzig richtige, normale Welt, und sie sehen sie natürlich mit Kinderaugen." (Salloch-Vogel, 1987, 11)

### 4.3.2 *Rollen*

Auch wenn ihre schwierige Welt mit alkoholkranken Bezugspersonen diesen Kindern als normal erscheint, da sie keine andere Welt kennen, so müssen sie doch (unbewusste) Anpassungsleistungen vollbringen, damit sie mit dieser Welt zurechtkommen. Sie übernehmen spezifische Rollen im Familiensystem, die ihnen als Überlebensstrategie zum festen Bestandteil ihrer Persönlichkeit werden. Das Rollenverhalten ist nicht einfach wieder abzulegen, da es internalisiert ist, sodass die Kinder Hilfe von außen brauchen, um sich überhaupt erst der Rolle und ihrer Funktion bewusst zu werden und sie zu hinterfragen. Virginia Satir beschreibt das Verhalten von Kindern in Stressfamilien als „Rollenspiel, bei dem individuelles Ge- und Verstörtsein als Liebe und Hilfe markiert wird" (Satir, zit. nach Lambrou, 2005, 138). Das Rollenverhalten hilft den Mitgliedern eines dysfunktionalen Familiensystems ihre wahren Gefühle zu verleugnen, mit Einsamkeit, Verzweiflung und Überforderung fertig zu werden, damit das System nicht zerfällt.

Welche Rolle ein Kind übernimmt, kommt auf seinen angeborenen Charakter, seine Stellung in der Geschwisterfolge und darauf an, welche Rolle es von den Eltern zuerkannt bekommt. Wegscheider versteht unter Rolle „das strukturierte Gesamt an unbewussten elterlichen Erwartungsphantasien an die Kinder. Diese Erwartungen weisen dann dem Kind bei der Erfüllung bestimmte Funktionen zu" (Wegscheider, a. a. O.).

„In einer Alkoholikerfamilie ist die Person, die trinkt, die bestimmende Person. Die Verhaltensweisen eines Alkoholikers sind rigide darauf ausgerichtet, genug zu trinken zu bekommen. Alles andere ist untergeordnet. Obwohl der Alkoholiker in der Suchtfalle sitzt, ist er zugleich die Person, die die Regeln setzt, z. B. auch diese: jeder in der Familie muss durch sein Verhalten mithelfen, dass der/die Abhängige die Sucht fortsetzten kann." (Lambrou, 2005, 139) Eine gesunde Reaktion auf die Forderungen des Alkoholikers wäre, sich den unausgesprochenen Regeln zu widersetzen und über seine Gefühle der Verwirrung, Enttäuschung und Traurigkeit zu sprechen. Doch in dysfunktionalen Familiensystemen ist die Gefahr des „Systemkollapses" zu groß, sodass die Mitglieder sich den Regeln und Umständen zugunsten des Familienerhaltes anpassen. „Sie greifen in der Not zu den gleichen Verhaltensweisen wie der Alkoholiker, sie verleugnen und verstecken ihre wahren Gefühle, sie produzieren künstliche Verhaltensweisen, die im Skript der Alkoholikerfamilie zur Unterstützung der Sucht zwingend vorgeschrieben werden. Mehr und mehr werden die Bedürfnisse der Familienmitglieder zweitrangig auf Kosten der verzweifelten Ansprüche der Familie." (Lambrou, 2005, 139)

Robert Subby spricht in diesem Zusammenhang von einer „Verleugnung oder Unterdrückung *des wahren Selbst*, die auf der irrigen Annahme beruht, dass Liebe Akzeptanz, Sicherheit, Erfolg, Nähe und Seelenheil nur von der Fähigkeit der Person abhängig sind, ,*das Richtige zu tun*'". (Subby, zit. nach Rennert, 1990, 163, Hervorhebung K. C.) Kinder sind „*in ihrer Bedürfnisbefriedigung sehr abhängig von Erwachsenen* (…). Der Gedanke, äußerlich und innerlich verlassen zu werden, versetzt Kinder in Panik. Das Kind wird aus diesem Grund alles tun, um die Dissonanz zwischen seinen Handlungen und die Bewertung durch die Erwachsenen zu verringern. (...) Langfristig gesehen bedeutet Sich-in-allem-Anpassen die Einschränkung der Entwicklung eines autonomen Selbst" (Kaniak-Urban, 1995, 77).

### 4.3.2.1 *Exkurs: Das falsche Selbst nach D. W. Winnicott*

Man kann natürlich einwenden, dass niemand jemals wirklich authentisch sein kann. Immer spielen wir irgendeine Rolle und verhalten uns nach von außen auferlegten Regeln. Bedeutet das, dass wir alle kein wahres Selbst haben?
Das falsche Selbst ist keine einheitliche Größe, nichts, was man entweder hat oder nicht hat, sondern es kann je nach den Erfahrungen mit der Umwelt mehr oder weniger stark ausgebildet werden.

Winnicott beschreibt die Ausbildung des wahren Selbst durch die Begegnung einer genügend guten Mutter (und das bedeutet keinesfalls eine perfekte Mutter) mit der spontanen Geste des Säuglings. Die *genügend gute Mutter* kann dem Säugling bestätigen, dass seine Empfindungen und die Realität zusammenpassen, dass die Aktion des Säuglings eine Reaktion bei der Umwelt bewirkt – dass er sich auf einer sehr frühen Stufe als *selbstwirksam* erlebt: „Die Mutter die gut ist, begegnet der Omnipotenz des Säuglings und begreift sie in gewissem Maß. Sie tut dies wiederholt. Durch die Stärke, die das schwache Ich des Säuglings dadurch bekommt, dass die Mutter die Omnipotenzäußerungen des Säuglings praktisch zur Wirkung bringt, beginnt sein wahres Selbst zum Leben zu erwachen. Die Mutter, die nicht gut genug ist, kann die Omnipotenz des Säuglings nicht praktisch zur Wirkung bringen, deshalb unterlässt sie es wiederholt, der Geste des Säuglings zu begegnen; statt dessen setzt sie ihre eigenen Geste ein, die durch das Sich-Fügen des Säuglings sinnvoll gemacht werden soll. Diese Gefügigkeit auf Seiten des Säuglings ist das früheste Stadium des falschen Selbst und gehört zur Unfähigkeit der Mutter, die Bedürfnisse ihres Säuglings zu spüren. (…) Das falsche Selbst hat eine positive und sehr wichtige Funktion: Das wahre Selbst zu verbergen, was es dadurch tut, dass es sich den Umweltanforderungen fügt.“ (Winnicott, 2002, 189 ff.)

Die Übernahme spezifischer Rollen in alkoholbelasteten Familien kann man im Sinne Winnicotts interpretieren. Das Kind in einem solcherart dysfunktionalen System fügt sich den Umständen und organisiert sein Ich so, dass es an die Umwelt angepasst ist, kann sich dabei aber nicht als lebendig und real empfinden.

### 4.3.2.2 *Rollenmodelle*

Die spezifischen Rollen, die die Kinder in einer Suchtfamilie übernehmen, wurden von Sharon Wegscheider und unabhängig davon von Claudia Black zum ersten Mal beschrieben und analysiert. Es folgten weitere Rollenmodelle von Ursula Lambrou, Janete Woititz u. a. Alle Rollenmodelle sind inhaltlich sehr ähnlich, auch wenn die Bezeichnungen für die Rollentypen unterschiedlich sind.

Das gängigste Rollenmodell stammt von Wegscheider:

*Der Held (hero)*

Die Rolle des Helden übernimmt oft das älteste oder einzige Kind in der Familie. Besonders wenn die Mutter die suchtkranke Bezugsperson ist, bleibt dem ältesten Kind meist keine Wahl, es muss Verantwortung für die Geschwister und den Haushalt, für das

Kochen, Einkaufen und Versorgen der Familie übernehmen. Das alles bedeutet eine Verantwortung, die für ein Kind zu viel und damit erdrückend sein kann. Der Familienheld wirkt dennoch nach außen sehr erwachsen, gut organisiert, verantwortungsbewusst und diszipliniert. Hinter der Haltung des Heldenkindes steht die Glaubenshaltung, dass der Makel, der durch die Suchterkrankung über die Familie gekommen ist, von ihm ausgeglichen werden kann, indem es sich besonders anstrengt, alles besonders tadellos erledigt und niemandem dabei mit eigenen Bedürfnissen zur Last fällt. Der Held meint, sich selbst und seine Gefühle aussparen und für die Familie alles zum Besseren wenden zu können.

Bezogen auf die Familiendynamik kann man die Heldenrolle als Komplementärrolle zum Süchtigen interpretieren. Der Held verhält sich durch seine Verantwortungsübernahme für den alkoholkranken Elternteil und durch sein Schweigen, um den Schein der funktionierenden Familie aufrechtzuerhalten, unbewusst als „enabler" des Suchtkranken. Das Heldenkind verbirgt seinen emotionalen Hunger hinter der Maske des Perfektionismus, des Eifers und der Hilfsbereitschaft. Das Kind in dieser Rolle hat gelernt, dass es sicherer ist, sich auf niemanden als sich selbst zu verlassen. Das führt in weiterer Folge allerdings dazu, dass es sich für alles verantwortlich fühlt und nie an einen Punkt gelangt, an dem es sich entspannt und vertraut, auch wenn es die Möglichkeit hätte. Das Verharren im Glauben, dass Leistung die Welt in ihren Bahnen halten kann, kann später dazu führen, dass diese Menschen sich ausgebrannt fühlen und in Depression verfallen, „voll unbestimmbarer Furcht" (Lambrou, 2005, 146).

### Der Sündenbock (scapegoat)

Meist belegt das zweitgeborene Kind diese Rolle. Der Sündenbock verinnerlicht das Familienchaos und wird von der Familie mit der Funktion betraut, vom Hauptschauplatz der Probleme abzulenken. Er hat somit die Funktion der Entlastung, denn solange die Eltern damit beschäftigt sind, das Chaos beim Sündenbock zu verorten, können sie das Chaos der Sucht verleugnen.

Der Sündenbock ist sozusagen die Kehrseite der Heldenrolle – wie der Held sich überverantwortlich verhält, so verhält sich der Sündenbock unverantwortlich. Mit seinem unangemessenen Verhalten versucht er Aufmerksamkeit zu erregen und erlebt dabei ständig Ablehnung. Die Grundstimmung des Sündenbocks ist die, nirgends dazuzugehören. Ein Gefühl, das ihm durch die Reaktionen auf sein Verhalten immer wieder bestätigt wird.

### Das verlorene Kind (lost child)

Das verlorene Kind versucht sich anzupassen, indem es sich klein macht und keine Ansprüche stellt, um niemandem in die Quere zu kommen. Es erhält keine Aufmerksamkeit, dadurch entlastet es die Eltern von weiterer Verantwortung. Dieses Kind fühlt sich dementsprechend wertlos und konfus, einsam und hoffnungslos. Es lebt in der Angst von irgendjemandem abhängig zu sein und fürchtet sich vor Auseinandersetzungen mit seiner Umwelt. Es zieht sich in sich und seine Traumwelt zurück, wo es für die Außenwelt schwer erreichbar ist.

*Das Maskottchen (mascot)*

Der Clown der Familie ist meist das jüngste Kind, das die Funktion hat, für Spannungsabfuhr und Erleichterung durch Spaß zu sorgen. Wie auch der Sündenbock lenkt es vom Hauptproblemschauplatz der Eltern ab, doch das Maskottchen tut es mit Unterhaltungsmanövern. Die Stärke des Maskottchens liegt darin, die atmosphärischen Spannungen in der Familie zu erfassen und die Familienmitglieder in seinen Bann zu ziehen. Das bedeutet eine gewisse Machtposition in dem Chaos, das in einer Suchtfamilie herrscht. Doch man darf die Späße des Maskottchens nicht mit gelöster Heiterkeit verwechseln. Die Witze des Maskottchens sind oft angespannt, die gute Stimmung wirkt aufgesetzt. Das Maskottchen ist zwar überall beliebt, doch das sensible Kind in dieser Rolle leidet sehr darunter, dass es keine echte Anerkennung erlangt, sondern nur für das Verbreiten guter Stimmung gemocht wird. Das Familienmaskottchen ist sehr harmoniebedürftig.

## 5. Risikofaktoren im Aufwachsen mit alkoholkranken Bezugspersonen

Beleuchtet man das weite Feld der Risiken, die mit dem Aufwachsen in einem alkoholbelasteten Familienzusammenhang verbunden sind, so kann man zwischen *direkten* und *indirekten* Folgen des elterlichen Alkoholabusus unterscheiden. Das physiologische Risiko für das ungeborene Kind beginnt in der Suchtfamilie bereits in der Schwangerschaft.

### 5.1 Die direkten Auswirkungen des Alkoholmissbrauches während der Schwangerschaft auf die kindliche Entwicklung

Unter einer direkten Auswirkung des mütterlichen Alkoholmissbrauches auf das Kind sind diejenigen zu verstehen, die durch die Substanzeinnahme an sich entstehen. Etwa zwei Prozent der Mütter gelten als alkoholkrank und konsumieren auch während der Schwangerschaft Alkohol. „Alkohol wirkt auf alle Organe und Zellen als Zellgift und somit wachstumshemmend, missbildungsfördernd und vor allem – auch in kleinsten Mengen – nervenschädigend und suchtbegünstigend." (Löser, 2001, 78) Etwa 2.200 Kinder werden jährlich mit dem Vollbild der *Alkoholembryopathie* – so nennt man das Krankheitsbild der Alkoholfolgeschäden beim Kind – geboren. Insgesamt etwa weitere 10.000 Geburten pro Jahr kommen nicht mit dem vollen Krankheitsbild, sondern oft unerkannten Hirnschädigungen und darauf folgenden Verhaltensstörungen, ebenso wie körperlichen Fehlbildungen, zur Welt. Diese „milderen" Schädigungen des Embryos durch Alkohol werden als *Alkoholeffekte* bezeichnet. „Alkoholembryopathie und Alkoholeffekte sind mit einem Verhältnis von 1:100 Neugeborene die häufigste Ursache einer nichtgenetischen geistigen Entwicklungsverzögerung bei Kindern und treten damit häufiger auf als das Down Syndrom (1:600)." (Löser, 2001, 79)

Alkoholembryopathie und Alkoholeffekte beeinträchtigen vor allem die *Denkleistungen*, welche verlangsamt ablaufen und wenig fantasievoll sind. Eine weitere große Einschränkung erfahren diese Kinder in ihrer *Merkfähigkeit*, ihrer *Sprachentwicklung* und durch vielfältige *Störungen der Wahrnehmung*. Durch Schädigungen des Kleinhirns sind

*Störungen in der Fein- und Grobmotorik* und *Unsicherheiten in der Koordination der Muskelbetätigung und Bewegungen* zu erklären (vgl. Löser, 2001, 81 f.).

Ein häufiger Folgeschaden (bei 72 Prozent der Kinder mit Alkoholembryopathie) aufgrund des mütterlichen Alkoholkonsums ist *gesteigerte Impulsivität* und *Hyperaktivität.* „Bei fehlender psychosozialer Zuwendung und Fürsorge kann sich die Überaktivität bis hin zur Zügellosigkeit, aneckender Distanzlosigkeit und aggressivem Verhalten steigern." (Löser, 2001, 83) Die Ursache für das hyperkinetische Syndrom ist in der Unterentwicklung des dopaminergen Systems zu suchen. Dieses dopaminerge System fungiert beim gesunden Menschen als Reizpuffer, der dafür sorgt, dass nicht jeder Außenreiz eine Reaktion hervorruft. Hyperaktive Kinder sind ständig „on the go", doch sie können mithilfe verschiedener Maßnahmen lernen, ihren Bewegungsimpuls abzubremsen. Medikamentöse Behandlung mit Ritalin und Amphetamin bringt ebenfalls Erfolg. Mit Hyperaktivität umzugehen ist für die Bezugspersonen schwierig, da das soziale Umfeld ihnen oft vorwirft, dass falsche oder zu milde Erziehung schuld ist an der Ruhelosigkeit der Kinder, weil Nichtwissende die *körperlichen* Ursachen dieses Syndroms ignorieren.

Auf die enge Verzahnung von somatischer und psychischer Problematik verweisen nach Löser gehäufte psychische Auffälligkeiten im Kindesalter wie Ängste, dysphorische Verstimmungen, Stereotypien, Wutausbrüche und Essprobleme (vgl. Mayer, 2001, 16).

## 5.2 Die indirekten Auswirkungen des alkoholbelasteten Familienumfeldes auf die kindliche Entwicklung

„Indirekte Auswirkungen sind solche, die in Interaktion mit Umwelt- und Familienvariablen ihre Pathogenität entfalten." (Klein, 2003, Familiengeheimnisse)
Dabei ist nicht die Substanz an sich für die kindlichen Schädigungen verantwortlich, sondern die Begleitumstände und Konsequenzen der Sucht. Wie diese Begleitumstände im Einzelnen aussehen, wurde im Abschnitt 3 eingehend beleuchtet.

### 5.2.1 Disposition zur Suchtentwicklung

In mehreren Studien (Cotton, 1979, Drake & Vaillant, 1988) wird nachgewiesen, dass das Aufwachsen mit alkoholkranken Bezugspersonen ein Risiko für die gesunde Persönlichkeitsentwicklung von Kindern und Jugendlichen darstellt.
Vor allem konnte nachgewiesen werden, dass Alkoholabhängige (vor allem Männer) überzufällig oft aus Familien stammen, in denen bereits zumindest ein Elternteil von Alkohol abhängig war. Betrachtet man die Zahlen, so sieht man, dass die Gefahr der Ausbildung einer eigenen Sucht an erster Stelle der Risiken steht, die ein alkoholbelastetes Aufwachsen mit sich bringt.
In einer Studie von Cotton berichten 30 Prozent der befragten Alkoholabhängigen von einem Aufwachsen mit zumindest einem alkoholabhängigem Elternteil (zum Vergleich: nur 5 Prozent der Eltern der Vergleichsgruppe ohne Alkoholprobleme sind süchtig). (Cotton, zit. nach Zobel, 2001, 50) Die befragten Alkoholabhängigen bei Piece sind sogar zu 40 bis 60 Prozent bereits in alkoholbelasteten Familien aufgewachsen (Piece, zit. nach

Lambrou, 2005, 21). „Kinder alkoholkranker Eltern haben ein 4- bis 6fach höheres Risiko, irgendwann im Laufe ihres Lebens an Alkoholismus zu erkranken, als Kinder Nichtalkoholkranker." (Frank et al., 1999, 3) In einer Studie von Schuckit u. a. beträgt die Zahl der abhängigen erwachsenen Kinder sogar 72 Prozent (zit. nach Arenz-Greiving, 2003, 6).

*Erklärungsmodelle für das erhöhte Risiko der Transmission von Alkoholismus*

Kinder von Alkoholkranken haben ein mehrfaches Risiko, selbst alkoholabhängig zu werden. (vgl. Gschwandtner, 2002,6)

- „Sie sind sensitiver für verstärkende, belohnende Alkoholeffekte und weniger sensibel für subjektive Intoxikationseffekte des Alkohols, (…) d. h. sie vertragen mehr Alkohol als andere und empfinden ihn als angenehmer." (Frank, 2002, 83)
- In Stresssituationen hat Alkohol eine deutlich entspannende Wirkung auf sie, sie werden ruhiger und gelassener und werden mit der belastenden Situation dadurch besser fertig (vgl. Zobel, 2001, 51). Dieser Faktor steht in engem Zusammenhang mit der erlernten Erwartungshaltung, dass Alkohol den Stress mildern wird, da
- sie am Modell der Eltern lernen – besonders wenn es keine schützenden Familienrituale gibt, die ein Gleichgewicht herstellen –, dass Alkoholtrinken eine normale Art der Konfliktlösung und Alltagsbewältigung darstellt.

Verschiedenen Studien zufolge (z. B. Schuckit, zit. nach Gschwandtner, 2002, 7) dürfte auch ein *genetischer Faktor* bei der Weitergabe der Erkrankung auf die nächste Generation vorhanden sein. Zwillingsstudien legen auch den Schluss nahe, dass zumindest bei Männern ein Erbfaktor durch alkoholkranke Väter möglich ist. „Eine direkte Vererbung von Alkoholabhängigkeit kann daher ausgeschlossen werden, da nur ein Teil der Söhne eine Abhängigkeit entwickelt. Denkbar ist hingegen die Vererbung einer Disposition für Alkoholabhängigkeit, die bei entsprechenden kritischen Umwelterfahrungen zum Ausbruch der Krankheit führt." (Zobel, 2000, 146)
Die Transmission von Alkoholabhängigkeit kann demzufolge als multikausal betrachtet werden.

Man kann jedoch nicht – wie Michael Klein (vgl. Klein, M. 2000) betont – davon ausgehen, dass *alle* Kinder aus suchtbelasteten Familien eine eigene Suchtabhängigkeit ausbilden oder andere psychische Störungen entwickeln. Bei der Transmission, also der Übertragung einer Erkrankung von einer Generation auf die nächste, spielen verschiedene pathogene und protektive Faktoren eine Rolle. So ist z. B. das Risiko in Familien, in denen beide Elternteile alkoholabhängig sind, für die Kinder deutlich erhöht, wobei das Aufrechterhalten von Familienritualen wie das Einnehmen gemeinsamer Mahlzeiten, Feiern von Festen, Unternehmungen usw., auch wenn die Eltern aktive Trinker sind, als protektiver Faktor wirkt. Es ist also Vorsicht geboten mit traditionellen Urteilen wie „Trinker zeugen Trinker" (Plutarch), da mit dieser determinierenden Herangehensweise eine Stigmatisierung und Festschreibung der Kinder in den Suchtkreislauf verbunden ist.

Neben der körperlichen Disposition zur Alkoholabhängigkeit und dem Lernen am Modell ist nach psychoanalytischer Ansicht eine ungelöste symbiotische Bindung an die Mutter ein weiterer möglicher Grund zur Entwicklung von Sucht. Davon ausgehend kann dargelegt werden, dass Sucht und Angststörungen verwandte Verhaltensstörungen sind, die in Suchtfamilien von einer Generation zur nächsten weitergegeben werden.

## 5.2.2 Disposition zu psychosomatischen Erkrankungen, Angst und Depression

Kinder aus suchtbelasteten Familien haben aber nicht nur ein hohes Risiko, selbst eine Alkoholabhängigkeit zu entwickeln. Belegt ist auch, dass sie ein höheres Risiko – wenn auch nicht so stark wie für Abhängigkeitserkrankungen – haben, psychische Störungen wie Angststörungen, Depression, und andere Erlebens- und Verhaltensstörungen wie aggressives Verhalten und Hyperaktivität zu entwickeln (vgl. Velleman, 1992).

Die Erforschung der Zusammenhänge von Entwicklungsrisiken und dem Aufwachsen in Suchtfamilien stützte sich in den Anfängen vor allem auf retrospektive Aussagen so genannter „erwachsener Kinder" von Alkoholikern, die als *Erwachsene* unter Süchten, Erlebens- und Verhaltensstörungen leiden und die Bedingungen ihres Aufwachsens dafür verantwortlich machen. Verlässliche Daten über Zusammenhänge von Verhaltensstörungen von Kindern in alkoholbelasteten Familien anhand von Untersuchungen an *Kindern* sind allerdings rar. „Bei der Entstehung kindlicher Verhaltensstörungen handelt es sich grundsätzlich immer um ein komplexes Interaktionsgefüge von verschiedenen Komponenten, deren Auswirkungen auf jede einzelne Störung im Nachhinein nur schwer bestimmt werden können." (Lenzen, zit. nach Bertling, 1993, 124) Der Zusammenhang von „frühen Störungen" von Kindern und dem Aufwachsen in Suchtfamilien ist weitgehend nicht dokumentiert, „solche Störungen müssen aber angenommen werden, wenn Kleinkinder Symptome wie Hyperaktivität und Apathie, Ängste, Aggressionen, Schlafstörungen und Einnässen bieten" (Salloch-Vogel, 1987, 15). Auch Bertling kommt zu dem Schluss: „Alkoholikerkinder wenden ihre Verhaltensstörungen nicht nur nach außen, sondern unter Umständen auch nach innen und damit gegen sich selbst, indem sie beispielsweise unter Angstsymptomen, Depression oder einem geringen Selbstwertgefühl leiden. Parnitzke/Prüssing stellten bei 23 Prozent der mitbetroffenen Kinder ein angstgestörtes Verhalten fest." (Bertling, 1993, 126)

Da die Behandlung von ausgeprägten kindlichen Angststörungen und Depression eine Aufgabe der Kinderpsychiatrie darstellt, wird diese Problematik hier nicht weiter verfolgt.

Die *Prävention* von Angststörungen, die sich erst im frühen Erwachsenenalter, meist zwischen dem 25. und 30. Lebensjahr, als Ergebnis ungenügender Individuation einstellen (nämlich sobald sich die rigiden Rollenmuster als Überlebensstrategien als unpassend erweisen), kann allerdings als pädagogisches Ziel neben der Prävention von Sucht angesehen werden. Kinder von Suchtkranken leben mit der Angst und schützen sich durch ein „falsches Selbst" und das Übernehmen von typischen Rollen. Werden diese Kinder erwachsen, begegnen sie der Angst unter Umständen auf eine andere Art und Weise. Es ist nicht mehr die Angst vor realen Bedrohungen, sondern Phobien, Panikattacken oder frei flottierende Angst, die ihnen das Leben erschweren (vgl. Rennert, 1990, 147).

Da eine Familienregel in alkoholbelasteten Familien „nicht zu fühlen" lautet, machen erwachsene Kinder von Alkoholikern oft einen kühlen und distanzierten Eindruck. „Das davon genau entgegengesetzte Gefühlsleben und Verhalten erwachsener Kinder alkoholkranker Eltern begründet sich darin, dass sie von Emotionen überwältigt werden und diese kaum noch unter Kontrolle haben. Gefühle von Angst und Panik können dann ausbrechen, ohne dass der genaue Grund dafür erkennbar wird." (Bertling, 1993, 70)

Wo aber liegt der Ursprung der Angst in alkoholbelasteten Familiensystemen?

- Angst vor Gewalt und körperlicher Bedrohung – Realangst
- Angst, weil das Vertrauen immer wieder verletzt wird, weil man sich nicht verlassen kann
- Angst wegen zu schwacher Bindung bei Vernachlässigung
- Angst wegen zu starker Bindung/Symbiose – Selbstverlust, verhinderte Individuation

Die Familie zeigt sich nach Helm Stierlin als Stätte der *Angstbewältigung* und als –„vielleicht größtmögliche *Angstquelle*" (Stierlin, 1995, 92).

### 5.2.2.1 *Angst bewirkt eine Verhaltensänderung*

Nach Holger, B. Flöttmann bewirkt Angst Angriff, Flucht oder Bindung.

- Kinder, die durch besonders aggressives, ausagierendes Verhalten auffallen (scapegoat), versuchen ihre Angst zu kompensieren, indem sie sich entweder besonders furchtlos geben, sich in gefährliche Situationen manövrieren oder andere Kinder attackieren. Ihre Angst bewirkt *Angriff*.

- Angst kann ein Gefahrensignal sein; ist eine in der Realität auftretende Gefahr in Verzug, warnt sie den Organismus und führt zur *Flucht*. Dann hat Angst eine positive, lebenswichtige Funktion. Freud spricht in diesem Fall von der Signalfunktion der Angst. Insofern ist die Angst, die Kinder in alkoholbelasteten Familien vor Gewalt, körperlicher Bedrohung und aggressivem Verhalten empfinden, eine Realangst, die auch als *Furcht* definiert wird (Schmid, 2003, 44).

- Die dritte Verhaltensänderung durch Angst, die Suche nach *Bindung*, scheint mir für das Verständnis der inneren Logik des alkoholkranken Familiensystems besonders aufschlussreich zu sein. Betrachtet man Angst, Depression und Sucht aus psychoanalytischer Perspektive, dann erscheinen sie als unterschiedliche Ergebnisse des gleichen gestörten Verhaltens: *der ungelösten Symbiose*. Diese Annahme wird im Folgenden genauer betrachtet.

### 5.2.2.2 *Angst bewirkt Bindung*

Sobald Gefahr droht, flüchten Tier wie Mensch an einen sicheren Ort – zur Mutter, zur Familie. Bedrohen Katastrophen die Menschen, so rücken sie näher zusammen. Dabei wird nach Eibl-Eibesfeldt über die Angst „zugleich ein Eltern-Kind-Verhältnis induziert, wobei der Ranghöhere sich mütterlich-väterlich, der Rangniedere sich kindlich-abhängig verhält" (Eibl-Eibesfeldt, zit. nach Flöttmann, 1993, 28).

Solange Kinder in Angst gehalten werden bzw. von ihren Bezugspersonen geängstigt werden, verharren sie in einem Zustand der verstärkten Abhängigkeit und schränken ihren sozialen Aktionsradius zugunsten einer verstärkten Bindung zur Familie ein. Diese Einschränkung durch Bindung bewirkt, dass Kinder nicht in genügendem Maß die altersadäquaten Entwicklungsschritte durchlaufen und ihre Ich-Funktionen stärken können.

Gemäß dem Kinderlied „Hänschen klein, ging allein, in die weite Welt hinein. Stock und Hut steht im gut, ist gar frohen Muts. Aber Mutter weinet sehr, hat ja nun kein Hänschen mehr. Doch das Kind, sich besinnt, läuft nach Haus geschwind" drosseln die Kinder ihre Explorations- und Individuationskräfte. Bezogen auf das Stufenmodell von E. H. Erikson bedeutet das eine drastische Einschränkung der für die Entwicklung „signifikanten Wechselwirkungen" mit der Umwelt (siehe Abschnitt 2.1). Auch M. Mahlers Konzept baut auf der Annahme auf, dass das Kind sich die Welt in immer weiter werdenden Kreisen erobert – wenn es sich in Sicherheit und von den signifikanten Bezugspersonen unterstützt fühlt.

Manche Eltern machen ihren Kindern Angst, weil sie selbst unter großer Angst leiden, z. B. dass dem Kind etwas zustoßen könnte. Dann hören Kinder bei jedem Schritt, „Tu dies nicht, tu das nicht, pass auf!". Doch der Grat zwischen *echter Besorgnis* um das Wohl des Kindes und *Trennungsangst* der Eltern ist schmal. Manche Eltern machen ihren Kindern nämlich Angst, um sie enger an sich zu binden und sie für die Befriedigung eigener Bedürfnisse nicht zu verlieren, wie das in Suchtfamilien definitiv der Fall ist.

In alkoholbelasteten Familien ist Angst gleich dreifach vorhanden:

- *Als Realangst*: einerseits ist die Alltagssituation mit alkoholabhängigen Eltern, wie bereits beschrieben, für Kinder hochgradig Angst einflößend. Die Kinder flüchten dabei nicht aus Angst vor etwas *außerhalb* des „sicheren Ortes" zur Familie, sondern paradoxerweise werden in diesem Fall die Kinder durch die Schrecken, die sie *innerhalb* der Familie erfahren, an die Angst machenden Personen gebunden. Das Tabu über die Familiensituation zu sprechen, verstärkt und stützt die Unhinterfragbarkeit dieser Bindung noch.

- *Angst durch das Gefühl der Hilflosigkeit*: Die Unausweichlichkeit ihrer Situation wirkt auf viele Kinder erdrückend. Im Sinne der Theorie erlernter Hilflosigkeit von M. E. P. Seligman betrachten sie ihre Lage als hoffnungslos und verfallen in eine depressive Grundstimmung. Krohne stellt fest, dass es auf den Grad der Differenziertheit und Offenheit der Kommunikation in der Familie ankommt, ob Kinder mehr oder weniger Angst empfinden. Wenn Kinder differenzierte und kausale Modelle zur subjektiven Erklärung von Ereignissen erhalten und hier insbesondere der Aspekt der Eigenverantwortlichkeit für bestimmte Ereignisse betont wird, („*interne Kontrolle*") haben sie weniger Angst (vgl. Krohne, 1975, 37).

- *Angst durch Symbiose:* In alkoholbelasteten Familien ist das Potenzial an Trennungsangst vonseiten des Alkoholikers sehr hoch. Dieser Angst wirkt er mit den Regeln, die er für die Familie aufstellt, entgegen. Es ist die Angstabwehr des Alkoholikers, die Angst bei den Familienmitgliedern erzeugt.

### 5.2.2.3 *Symbiose verhindert Individuation*

Der Begriff Symbiose wird von M. Mahler für den Zustand zwischen Mutter und Säugling benutzt, er „beschreibt jenen Zustand der Undifferenziertheit, der Fusion mit der Mutter, in dem das Ich noch nicht vom Nicht-Ich unterscheiden ist und Innen und Außen erst allmählich als verschieden empfunden werden" (Mahler, zit. nach Flöttmann 1993, 35). In dieser frühen symbiotischen Phase stellt sich die Mutter auf die Bedürfnisse des Säuglings ein und vermittelt ihm Geborgenheit und Urvertrauen. Doch schon mit wenigen Wochen beginnt der Säugling sich aus dieser Einheit nach und nach herauszudifferenzieren. Mahler beschreibt den gelungenen Entwicklungsweg Richtung Individuation, den sie als zweite Geburt beschreibt, als Suche nach Balance zwischen Nähe und Abstand. In Entwicklungsschüben erobert sich das Kind seine Umwelt, kehrt dabei immer wieder zur Mutter zurück, *um sich Kraft zu holen* für neue, immer weiter von der Mutter entfernte Eroberungszüge in der Welt. Ist die Mutter ängstlich und bindet das Kind mit ihrer Angst an sich, wird das Kind sich nicht trauen, in die Welt hinauszugehen. So kann es geschehen, dass Mutter und Kind oder eine ganze Familie in einer symbiotischen Beziehung stecken bleiben.

Analog dazu kann angenommen werden, dass die hohe Bindung in Suchtfamilien der Sehnsucht nach einer Neuauflage dieser frühen symbiotischen Beziehung entspricht. Die Familienmitglieder bestätigen einander ständig verbal und nonverbal gemäß dem „Familienmuster der Unentrinnbarkeit" (vgl. Abschnitt 4.2.1), dass sie ohne einander nicht leben können und halten einander so von notwendigen Entwicklungsschritten ab.

### 5.2.2.4 *Mangelnde Individuation bewirkt Angst*

In Anlehnung an Schiff (zit. nach Flöttmann, 1993, 53) lassen sich zehn charakteristische Merkmale von symbiotischem Verhalten aufzeigen: „Ungelöstes symbiotisches Verhalten zeigt sich in: Angst, Passivität, Überanpassung, innere Unruhe und Anspannung, Ungeduld, Kränkbarkeit und Wut, Grandiosität, Abwertung, Depressivität und Sucht."
Angst und Depressivität oder andere Symptome symbiotischen Verhaltens können Ausdruck der Angst vor Ablösung sein. Angst verhindert in diesem Fall die Möglichkeit, einen Entwicklungsschritt zu meistern und in der Identität zu reifen. Schon der in der angloamerikanischen Literatur zumeist verwendete Begriff der „erwachsenen Kinder", wenn von Erwachsenen die Rede ist, die ihre Kindheit mit einem süchtigen Elternteil verlebten, zeigt meines Erachtens, dass diese Erwachsenen in einer kindlichen Bindung zur Herkunftsfamilie verharren (siehe auch Ehrenfried et al., 2001, 4 f.). Die Angst steht für den Ruf der Familie: „Du wirst doch bei uns bleiben und dich nicht entwickeln!" Dabei verhält sich der erwachsene Angstneurotiker wie ein hilfloses Kleinkind, das sich diesem Ruf beugt.

Im Falle der Suchtfamilie ist diese Verhalten insofern paradox, weil die Kinder, wie bereits weiter oben dargestellt wurde, schon sehr früh sehr viel Verantwortung übernehmen müssen und sich nicht wie Kinder verhalten dürfen (z. B. spielen und

Blödsinn machen), mit zunehmendem Alter aber in ihrer Kinderrolle (Abhängigkeitsrolle) gefangen gehalten werden (Familienregel: „Niemand in der Alkoholikerfamilie darf erfolgreich sein, sich weiterentwickeln und sich abgrenzen", vgl. Schmidt, 1987, 47 f.). Oft entspricht die Enge der Bindung in alkoholbelasteten Familien nicht den Bedürfnissen der Kinder, sondern sie verläuft asynchron: solange die Kinder klein sind und viel Bindung brauchen, werden sie vernachlässigt, weil sie lästig und anstrengend sind. Wachsen sie heran und möchten sich von der Familie lösen, werden sie enger an die Familie gebunden.

Aus existenzphilosophischer Perspektive ist Angst „ein Befinden, das einen überfällt angesichts der Möglichkeiten der Freiheit, die dem Menschen offen stehen" (Schmid, 2003, 49). Angst kann demnach nie ganz beseitigt werden, sondern ist dazu da, um überwunden und bewältigt zu werden (ähnlich den Entwicklungskrisen bei Erikson) „im beherzten Ergreifen und Gestalten des Seins, wodurch das Leben Sinn erhält" (Schmid, 2003, 49).

Phobien, die im Unterschied zur Furcht nicht in der Realität begründete Ängste darstellen, sind „der Versuch, die Angst vor dem eigenen Seinkönnen, dem man misstraut, auf die Konstellation der objektiven Welt zu projizieren und damit aus der eigenen Verantwortlichkeit herauszulösen" (Schmid, 2003, 49). Phobische Ängste von „erwachsenen Kindern" von Alkoholikern haben demnach eine ganz ähnliche Funktion wie Sucht, nämlich Verantwortungsverweigerung und Rückzug aus der Welt. Flöttmann beschreibt Sucht als eine Suche nach der Vergangenheit, „dem narzisstischen Primärzustand, dessen Erreichen Zufriedenheit und Glückseligkeit verspricht. (…) Das Bestreben nach Wiederherstellung der kindlichen Einheit mit der Mutter nimmt überhand und dient dem Rückzug aus der Welt, in der Eigenständigkeit und Verantwortung, entweder im beruflichen oder privaten Bereich, vermieden werden" (Flöttmann, 1993, 71).

Stierlin unterscheidet Bindung auf der Über-Ich Ebene, auf der Ich-Ebene und auf der Es-Ebene:

- Die *Über-Ich*-Ebene betrifft das Gewissen und ist in hohem Maße für die Aufrechterhaltung von Symbiose verantwortlich. Gewissensangst tritt als Schuldgefühl oder als körperliche Symptome zu Tage. Flöttmann nennt als einen subtilen Bindungsmechanismus chronische Krankheiten, die die Familienmitglieder manipulieren und gefügig machen. „Ferenczi spricht bereits 1933 vom „Terrorismus des Leidens", der zu einer Bindung an die Eltern führt: „Kinder haben den Zwang, alle Unordnung in der Familie zu schlichten, sozusagen die Last aller anderen auf ihre zarten Schultern zu bürden; natürlich zu guter Letzt nicht aus reiner Selbstlosigkeit, sondern um die verlorene Ruhe und die dazugehörige Zärtlichkeit wieder genießen zu können. *Eine ihre Leiden klagende Mutter kann sich aus dem Kinde eine lebenslängliche Pflegerin, also eigentlich einen Mutterersatz schaffen*, die Eigeninteressen des Kindes gar nicht berücksichtigen." (Ferenczi, zit. nach Flöttmann, 1993, 42, Hervorhebung K. C.)

- „Eine einigermaßen realitätsbezogene Auffassung von sich und der Welt gehört zu einer funktionierenden Ich-Leistung. Zu einer *Ich-Bindung* kommt es, wenn die Familie dem Kind eine falsche Definition von sich selbst gibt. Es findet eine mystifizierende und fehllaufende Kommunikation statt." (Flöttmann, 1993, 43) In den alltäglichen Unterhaltungen werden die Worte *Ich* und *Du* kaum benutzt. „Beim Frühstück fragt die Mutter z. B.: ‚Noch Marmelade?' Hier weiß keiner aus der Familie, wer gemeint ist." (Flöttmann, 1993, 43) Wenn es in einer Familie Themenbereiche gibt, die tabuisiert sind, wie in der Suchtfamilie das Thema Alkohol, dann wird dieses Thema „wegdefiniert" (Flöttmann, 1993, 44). Da Kinder von der Zuwendung ihrer Eltern existenziell abhängig sind und sie noch kein stabiles Ich ausgebildet haben, übernehmen sie die „falschen Definitionen" zwar, doch sie drücken die umdefinierten Gefühle wie Wut, Aggression oder Trauer auf eine andere Weise – z. B. über psychosomatische Beschwerden aus. So ist z. B. der Versuch, über Sucht zu sprechen, in Suchtfamilien ein Tabu. „Tabus sind verbotene Bereiche, deren Betreten eine schwere Verletzung darstellt. (…) Das Überschreiten der Tabugrenzen geht oft mit Gewissensangst, Entfremdungsgefühlen und körperlichen Angstsymptomen einher. Der Angstneurotiker erlebt die Loslösung von seiner Ursprungsfamilie und das Überschreiten des verinnerlichten Familiengeheimnisses als eine schuldhafte Tabuverletzung." (Flöttmann, 1993, 153) Man kann demnach davon ausgehen, dass für Kinder die Hürde, über ihre Familiensituation zu sprechen, sehr hoch und mit Angst verbunden ist.

- Die affektive Bindung erfolgt auf der Ebene der Gefühle und betrifft nach Flöttmann die Gefühle der Angst, Verwöhnung, Sexualität und Trauer. Diese Bindung durch Angst auf der *Es-Ebene* wurde schon am Beginn des Kapitels angesprochen. In diesem Zusammenhang interessant ist auch noch der von Flöttmann erwähnte Zusammenhang von Bindung durch Sexualität in inzestuösen Beziehungen – ein nicht unwesentlicher Hinweis, bedenkt man, dass in alkoholbelasteten Familien sexueller Missbrauch wesentlich öfter vorkommt als in Vergleichsfamilien. Bindung durch Trauer bedeutet für Kinder in Suchtfamilien sicher vor allem die Bindung an den nicht trinkenden Elternteil, der seine Verzweiflung und Trauer offen zur Schau stellt, um die Kinder als Koalitionspartner gegen den Alkoholiker zu gewinnen.

Wie bereits im Abschnitt 4 angemerkt wurde, verfügen Suchtfamilien über eine sehr hohe Kohäsion. Schmidt merkt an, dass sich diese starke Bindung auch auf die Herkunftsfamilie des Alkoholikers erstreckt. D. h., dass bereits der Alkoholkranke sich nur ungenügend aus seiner Herkunftsfamilie lösen konnte, was in seiner Sucht Ausdruck findet (er reguliert Nähe und Distanz mittels Vermittlerinstanzen wie Alkohol, dritte Personen, Krankheit). Genau diese Symbiose, aus der er selbst nie herausfand, stellt er aber selbst wieder in seiner, von ihm gegründeten Familie her, was in vielen Fällen wieder zu Sucht oder anderen Verhaltensstörungen wie Angst oder Depression der Kinder führt. Eine Familienlogik, die, wenn sie nicht durchbrochen wird, zu einem endlosen Sucht- und Angstkreislauf führt.

### 5.2.3 *Zusammenfassung und Schlussfolgerung*

Das Aufwachsen mit alkoholkranken Bezugspersonen birgt neben den Risiken, die durch direkte Einwirkung des Alkohols auf das ungeborene Kind entstehen, Risiken, die durch die dysfunktionale Interaktion mit den Bezugspersonen bedingt sind.

Die nach allgemeiner Auffassung größte Gefahr besteht für diese Kinder in der Ausbildung einer eigenen Sucht. Beleuchtet man die Hintergründe süchtigen Verhaltens aus psychoanalytischer Perspektive, so fällt eine enge Verwandtschaft zwischen Sucht und Angst auf. Die Ausbildung einer Verhaltensstörung wie Angst, Depression oder auch von psychosomatischen Erkrankungen wird als zweithäufigste Gefahr eines Aufwachsens in einer Suchtfamilie genannt.

Präventionsmaßnahmen für Kinder und Jugendliche verstehen sich meist als *Sucht*prävention, der Angstaspekt wird aus der Fachdiskussion ausgeklammert. Präventionsprogramme sollten meiner Meinung nach aber explizit auch als *Angst*prävention konzipiert sein. Angstgefährdung sollte nicht nur implizit und mehr oder weniger zufällig mitbehandelt werden.

Wie könnten pädagogische Angstpräventionsmaßnahmen aussehen?

- Nach Schmid kommen der Erziehung drei Aufgaben bei der Angstbewältigung zu: „Vertrauen bildende Maßnahmen, maßvolle Konfrontation mit Ängsten und die wachsende Fähigkeit, reale und eingebildete Ängste voneinander zu unterscheiden." (Schmid, 2003, 65)

- *Offene Kommunikation* reduziert die Angst. Wenn offen über die Probleme in einer Suchtfamilie gesprochen wird, wird die schwierige Situation als weniger angstbesetzt empfunden, obwohl sich eventuell an der Situation selbst nichts ändert. Diese offene Kommunikation kollidiert anfangs zwar mit dem Verbot, das Familientabu zu brechen (siehe Abschnitt 4.3.1 über die Regeln der Suchtfamilie), führt aber dann zum Abbau der Angst.

- Hilflosigkeit muss reduziert werden. Kinder und Jugendliche, die sich ihrer Situation nicht machtlos ausgeliefert fühlen, die das Gefühl bekommen, aus eigener Verantwortung zu handeln, empfinden weniger Angst. Sie bekommen ein Gefühl erhöhter *Selbstwirksamkeit* und gewinnen Selbstbewusstsein, beides sind Faktoren, die die Widerstandsfähigkeit von Kindern stärken (siehe dazu Abschnitt 7, Resilienz). Ein Eckpfeiler der Arbeit mit Kindern aus Suchtfamilien muss das *Erlernen selbstschützender Verhaltensweisen* und selbstverantwortliches Handeln darstellen (vgl. Abschnitt 10.2).

- Das „wegdefinierte" Familienthema Alkohol und die *verleugneten Gefühle* müssen als das erkannt und benannt werden, was sie sind. Nur wer sich seiner Wut, Angst, Aggression, Trauer etc. nicht bewusst ist und diese Gefühle nicht empfinden darf, entwickelt stellvertretend eine psychosomatische Krankheit als körperlichen Ausdruck der verleugneten Gefühle, oder eine Angststörung – als Ausdruck der Angst vor dem Ausbruch der verleugneten Gefühlen.

- Die erdrückende *Bindung* an die Suchtfamilie muss gelockert werden, was ein schwieriges Unterfangen darstellt, da die Kinder ihren Eltern ja gleichzeitig nicht entfremdet werden sollen. Ein möglicher Weg lautet, dass Kinder, die genug Selbstvertrauen aufbauen konnten und sich als eigenständig, selbstverantwortlich und selbstwirksam empfinden, sich weniger für die Bedürfnisse der Suchtfamilie einverleiben lassen. Bekommen Kinder eine Ahnung davon, dass sie mit ihrer Situation nicht allein dastehen und dass ihr Familienleben nicht „ganz normal" ist, dann haben sie sich auch schon Stärken angeeignet, die ihnen ermöglichen, aus dem engen Kreis der Familie zu treten und sich mit der Welt auseinanderzusetzen.

Mir ist die Schwierigkeit dieses Punktes wohl bewusst und die verschiedenen Konzepte (vgl. Abschnitt 10) gehen auch unterschiedlich mit der komplexen Verwobenheit der Kinder mit ihren Familien um. Systemisch orientierte Ansätze begegnen der Familie als Ganzes und haben dem Problem der zu starken Bindung kurzfristig nichts entgegenzusetzen. Eine Veränderung der Situation wird langfristig angestrebt und beruht auf dem Veränderungswillen aller Familienmitglieder. Andere Konzepte gehen zwar respektvoll mit den Eltern um, fokussieren aber deutlich darauf, dass die Kinder sich in absehbarer Zeit wohler und angstfreier fühlen und sich aktiv selbst schützen, was auch bedeutet, sich zumindest gedanklich von den Eltern zu distanzieren. (Die Fähigkeit, sich zu distanzieren, ist nach Wolin & Wolin einer von sieben Resilienzfaktoren, vgl. Abschnitt 6.1.)

- Angst langfristig zu bekämpfen (ich verstehe darunter die Prävention einer potenziellen Angststörung im Erwachsenenalter) bedeutet zu guter Letzt, versäumte Gelegenheiten zur *Individuation* nachzuholen. Auf die Möglichkeit, diese Erfahrungen in der Kindergruppenarbeit zu machen, wird ausführlich im Abschnitt 9.5 eingegangen.

## 6. Kranke Familien – kranke Kinder?

In früheren v. a. psychoanalytisch fundierten Forschungen ging man von einem linearen Zusammenhang zwischen gefährdenden Entwicklungszusammenhängen (bestimmte Merkmale der Betreuungssituation) und Störungen des Kindes aus. Spitz formulierte das so: „Das Ziel meiner Forschung besteht darin, die krankmachenden Faktoren zu isolieren und zu untersuchen, die dafür verantwortlich sind, ob die Entwicklung des Kindes eine günstige oder ungünstige Wendung nimmt." (Spitz, zit. nach Göppel, 1997, 91) Spitz geht in seinen Arbeiten von einem eindeutigen Ursache-Wirkungs-Verhältnis aus und kommt zu der Grundannahme: „Störungen der mütterlichen Persönlichkeit spiegeln sich in den Störungen des Kindes wider. (…) In jedem Fall können wir sagen, die Persönlichkeit der Mutter wirkt als das krankheitsverursachende Agens, als ein psychisches Toxin." (Spitz, zit. nach Göppel, 1997, 94) Spitz führte nicht nur die Störungsbilder des Hospitalismus und der anaklitischen Depression auf einen Mangel an affektiver Zuwendung und damit auf einen bei der Mutter zu suchenden Mangel zurück, auch die Dreimonatskoliken, Säuglingsekzeme, Koprophagie und Hypermotilität haben nach seiner Theorie ihren Ursprung in einer spezifischen Persönlichkeitsstörung der Mutter. So eindrucksvoll und wichtig die Studien von Spitz auch sind, die Zusammenhänge zwischen mütterlichen

Haltungen und kindlichen Entwicklungsstörungen sind weit nicht so klar und eindeutig, wie er sie beschreibt.

Herausragend in diesem Zusammenhang scheint mir die Züricher Heimkinderstudie von Marie Meierhofer und Wilhelm Keller und die Interpretation der Daten durch Cécile Ernst und Nikolaus v. Luckner zu sein. Die Untersuchung stand ganz in der Tradition der Deprivations- und Hospitalismusforschung und fand in den Jahren 1958 bis 1961 in den Säuglings- und Kleinkinderheimen des Kantons Zürich statt. Man verstand die Untersuchung ausdrücklich als Beitrag zur „Klärung der Voraussetzungen für eine gesunde seelische Entwicklung im frühen Kindesalter" (Meierhofer/Keller, zit. nach Göppel, 1997, 135). Ähnlich wie in den Hospitalismusstudien von Spitz wurden die Kinder in den Heimen zwar hygienisch und pflegerisch versorgt, aber emotional vernachlässigt. Sie verbrachten ihre Zeit größtenteils in den Gitterbetten, die sie aus Personalmangel nicht einmal zur Nahrungsaufnahme verließen. Körperkontakt und Zärtlichkeiten fanden so gut wie nicht statt; da das Personal oft wechselte, konnten auch keine kontinuierlichen, engen Bindungen entstehen. Das „Grundresultat" dieser Untersuchung (Meierhofer/Keller, zit. nach Göppel, 1997, 136) war, dass die Kinder in ihrer gesamten Entwicklung gegenüber der Kontrollgruppe von Kindern, die in Familien aufwuchsen, deutlich rückständig waren. Vor allem in den Bereichen der Sprach- und Sozialentwicklung und im Bereich der Motorik und Koordination von Wahrnehmung und intentionaler Bewegung wiesen sie Defizite auf. Meierhofer/Keller beschreiben dabei vor allem ein typisches Verhaltensmerkmal dieser Kinder: „Sie scheinen in den Zustand eines ‚psychischen Sparganges', in eine ‚vita minima mentis' verfallen zu sein." (Meierhofer/Keller, zit. nach Göppel, 1997, 136) Sie sind fügsam, passiv, teilweise ängstlich und scheinen auf ihre Wünsche zu verzichten, oder sie zumindest nicht zu äußern.[10] Die Kinder drosseln ihren natürlichen Explorationsdrang, es mangelt ihnen an Selbstbehauptung, Initiative, Aktivität und Fantasie im Spiel[11]. Meierhofer und Keller bemerkten während ihrer Untersuchung, dass es immer wieder „Lieblingskinder" gibt, die in der Lage sind, aufgrund ihres Charakters, ihrer Offenheit und Freundlichkeit, die Aufmerksamkeit der Pflegerinnen auf sich zu ziehen und sie zu affektiver Kontaktaufnahme zu „überreden". D. h. diese Kinder sind in der Lage, ihrer Umgebung das zu entlocken, was sie für eine gesunde Entwicklung benötigen.

In einer Nachfolgeuntersuchung wurden die Kinder 1971 bis 1973 noch einmal kontaktiert. Bei einer Stichprobe wurden mit 137 Kindern, die meisten um die 14 Jahre alt (mehr waren von den ursprünglichen 391 der Gruppe von 1958/61 nicht mehr erreichbar), ihren Eltern und Lehrern Interviews durchgeführt. Die meisten der Kinder (99) lebten in ihren vollständigen oder unvollständigen Familien bzw. Adoptivfamilien, nur noch 27 lebten zum Untersuchungszeitpunkt im Heim.

Erstaunlicherweise wurden die Ergebnisse dieser aufwändigen und kostenintensiven Nachfolgeuntersuchung nicht publiziert. Göppel (1997) vermutet den Grund darin, dass sie nicht mit dem „Paradigma der schicksalsbestimmenden Kraft der frühen Erfahrungen" (Göppel, 1997, 141) vereinbar waren. Erst 1980 übernahmen Ernst und v. Luckner die Daten zur Auswertung. Im Wesentlichen lautete die Fragestellung an die

---

[10] Ein Verhaltensmerkmal, wie es auch bei Kindern in alkoholbelasteten Familien beobachtet werden kann.
[11] In gewisser Weise das Gegenteil dessen, was Wolin und Wolin (siehe Abschnitt 6.1) als Resilienzfaktoren identifizieren konnten.

Daten, inwiefern und wodurch sich die ehemals im Heim deprivierten Jugendlichen von durchschnittlichen anderen Jugendlichen unterschieden und wodurch sich der Entwicklungsweg und die Entwicklungsbedingungen der Jugendlichen mit hoher von denjenigen mit niedriger Symptombelastung unterscheiden. Die zentrale Frage bezieht sich darauf, inwiefern für die Unterschiede in der Symptombelastung Faktoren aus dem früheren *Heimmilieu* oder aus dem späteren Lebensmilieu *nach* dem Heim verantwortlich sind.

Die Untersuchung konnte keine Unterschiede hinsichtlich der körperlichen und sexuellen Entwicklung feststellen, auch die Intelligenzentwicklung wich nicht vom Durchschnitt ab. Es gab auch keine Unterschiede in der Beliebtheit im Klassenverband sowie bei der Fähigkeit zur sozialen Einordnung in der Gruppe.

Auffällig war jedoch der Unterschied bezüglich psychischer Störungen: Die ehemaligen Heimkinder zeigten eine deutlich höhere Häufigkeit eines gehemmt-depressiven Syndroms (Schlafstörungen, geringe Lebhaftigkeit, gehemmte Aggression, Überangepasstheit gegenüber Autoritäten, Zurückgezogenheit, deprimierte Stimmung, Ängstlichkeit, Sprachstörungen). „Die Nachuntersuchten erscheinen als emotional beeinträchtigt und nicht als verhaltensauffällig." (Ernst/v. Luckner, zit. nach Göppel, 1997, 143)

Doch das wesentliche Ergebnis der Untersuchung betrifft die Frage, inwiefern für die Unterschiede in der Symptombelastung Faktoren aus dem früheren *Heimmilieu* oder aus dem späteren Lebensmilieu *nach* dem Heim verantwortlich sind.

1. Erstaunlicherweise korrelierte das Merkmal der Apathie beim Kleinkind mit einer geringeren Symptombelastung im Jugendlichen und ein höherer Entwicklungsquotient beim Kleinkind mit erhöhter Symptombelastung beim Jugendlichen. Darin vermutet Göppel eine Form des Coping des Kleinkindes.
2. Ein weiteres – erwartetes – Ergebnis besagte, dass das Alter im Zusammenhang mit stärkerer Symptombelastung steht (je älter das Kind bei der Rückführung in die Familie ist, desto symptombelasteter ist es als Jugendlicher).
3. Überraschender war, dass die ausgeprägteren und konsistenteren Zusammenhänge zwischen der Befindlichkeit der Jugendlichen und den *psychosozialen Risikofaktoren ihrer späteren Kindheit,* also das Familienmilieu nach der Heimentlassung ergaben.

Ernst und v. Luckner sprechen in diesem Zusammenhang sogar von einer „Umweltresistenz der Frühkindheit" (vgl. Göppel, 1997, 145). Ich schließe mich der Meinung Göppels an, der es für angemessener hält, von einer „relativ großen Regenerationsfähigkeit unter günstigen Bedingungen zu sprechen" (ebd. 145). In jedem Fall, auch wenn die Formulierung irreführend ist, wenden sich Ernst und v. Luckner gegen Entwicklungsmodelle, die von einer das Leben determinierenden Prägung des Menschen ausgehen. „Frühe Erfahrungen hinterlassen nur dann bleibende Spuren, wenn sie *durch spätere gleichartige Erfahrungen immer wieder verstärkt werden.* Das ist die Regel, denn die Situation, in welcher sich ein Kind befindet, hat die Tendenz, konstant zu bleiben – zwischen einem labilen Kind und einer unberechenbaren oder ablehnenden Umgebung treten negative, teufelskreisartige Wechselwirkungen auf. Negative Erfahrungen, welche nicht anhalten, verblassen. Eine gestörte psychische Entwicklung ist nicht Resultat von früher, sondern von kontinuierlicher Erfahrung; frühes soziales Lernen ist nicht wirksamer als späteres soziales Lernen." (Ernst/v. Luckner, zit. nach Göppel, 1997, 146)

Man kann die Ergebnisse dieser Studie meiner Meinung nach auch umlegen auf Kinder, die in schwierigen Familiensituationen, wie z. B. in einer alkoholbelasteten Familie, aufwachsen. So hat z. B. die Vermutung von Göppel, dass die Apathie der untersuchten Kleinkinder eine Form des Coping darstellt, eine gewisse Ähnlichkeit mit der Übernahme der Rolle des „verlorenen Kindes" in Suchtfamilien. Das Ergebnis der geringeren Symptombelastung von Jugendlichen, die als Kleinkinder mit Apathie auf ihre Situation reagierten, kann als Bestätigung gesehen werden, dass die Rollenübernahme bzw. die Ausbildung eines falschen Selbst Überlebensstrategien der Kinder darstellen.

Die Erkenntnisse dieser Untersuchung sollen natürlich nicht den Schluss zulassen, dass es egal ist, wie man mit Kindern in ihrer frühen Kindheit umgeht, da sie sowieso resistent gegenüber Vernachlässigung und Lieblosigkeit sind. Man kann aber aus dieser Untersuchung schließen, dass sogar die Erfahrung grober Vernachlässigung in der Familie durch spätere positive (pädagogisch initiierte) Erfahrungen neutralisiert werden können. Wegweisend ist meiner Meinung nach der Gedanke, dass die Erlebnisse der frühen Kindheit nicht *determinierend* sein müssen, sondern dass Entwicklung ein Leben lang möglich ist. Erst die ständige Wiederholung von schwierigen Erfahrungen (dazu gehört auch die selbst gesuchte Wiederholung in Form der sich selbst erfüllenden Prophezeiung) kann einen Menschen nachhaltig zermürben. Aufgabe der Pädagogik soll in diesem Zusammenhang sein, diesen Teufelskreis zu durchbrechen und eine optimistische Herangehensweise an die Herausforderungen des Lebens zu lehren. (Dem Thema Optimismus widmet sich der Abschnitt 8.)

Was mir an diesem Gedanken gefällt, ist das ihm zugrunde liegende Menschenbild – er beschreibt den Menschen als zu Veränderungen fähig bis ins hohe Alter. Niemand ist demnach in seinem Lebensschicksal gefangen, es ist nie zu spät, noch etwas dazuzulernen. Dieser Gedanke gibt Hoffnung, dass es in der pädagogischen Praxis möglich ist, Kinder zu stärken und ihnen Werkzeuge mitzugeben, mit deren Hilfe sie alte Muster, die sie behindern und schwächen, durchbrechen können.

Doch sind die Erfahrungen, die Kinder unter schwierigen, teils traumatisierenden Umständen machen, alle negativ? Liegt die Hoffnung ausschließlich darin, das Erlittene *vergessen* zu können?

## 6.1 Positive Aspekte einer Kindheit mit alkoholkranken Eltern?

Der Gedanke, dass eine schwierige Kindheit, die durch den Alkoholismus der Eltern, Streit, Gewalt, Vernachlässigung und Misshandlungen gekennzeichnet ist, auch positive Aspekte haben soll, scheint auf den ersten Blick einer Verhöhnung der Betroffenen gleichzukommen.

In der angloamerikanischen Literatur zum Thema der schwierigen Situation von Kindern, die mit alkoholkranken Eltern aufwachsen (Wegscheider, Black, Woititz), wird dieser Aspekt auch weitestgehend ausgeblendet. Die „erwachsenen Kinder" von Alkoholikern werden in diesen Untersuchungen fast ausschließlich als *Opfer* ihrer Situation dargestellt, die auch als Erwachsene noch unter ihren schlimmen Erfahrungen leiden. Dabei findet eine einseitige Konzentration auf die angerichteten Schäden statt, das Bewältigungsverhalten der Kinder wird – bis auf die Übernahme von spezifischen Rollen – nicht beachtet.

Steven und Sybil Wolin kritisierten diese Fixierung auf das kindliche Trauma und interessierten sich vielmehr für die Frage, wie es manchen Kindern gelang, sich vor den Folgen krank machender Familienumwelt schützen zu können. Mithilfe klinischer Interviews konnten sie sieben Faktoren identifizieren, die resilienten Kindern als Quelle gesunden Aufwachsens dienten. Als Resilienzfaktoren nennen Wolin und Wolin: Einsicht, Unabhängigkeit, Beziehungsfähigkeit, Initiative, Kreativität, Humor und Moral. Kinder, die heil aus ihren vom Alkoholismus gezeichneten Familien herausgekommen sind, haben sich nicht als Opfer gesehen, es ist ihnen stattdessen gelungen,

> – „sich vom Geschehen zu Hause emotional als auch räumlich zu distanzieren;
> – sich in Kreativität und Humor immer wieder selbst zu motivieren;
> – und unterstützende Beziehungen zu anderen Menschen aufzubauen" (Wolin, zit. nach Nuber, 1995, 83).

Mithilfe dieser Perspektivenänderung – fokussiert wird nicht mehr auf krank machende Ursachen, sondern auf gesund erhaltende Faktoren – wird es möglich, in der Betrachtung von der Opferposition wegzukommen und *aktiv* Veränderungen anzustreben.

Diese Fokussierung auf gesund erhaltende Aspekte bedeutet nicht, dass es Kindern nichts ausmacht, unter schwierigen, teils traumatisierenden Verhältnissen aufzuwachsen; es darf nicht vergessen werden, dass für die meisten Kinder ihr anhaltend schwieriges Lebensumfeld definitiv krank machend *ist*. Aber die Perspektive der Salutogenese (vgl. Abschnitt 7.3.2) bietet die Möglichkeit, auch in einer Situation mit geringem Potenzial an Vorteilen diese gegenüber den überwiegenden Nachteilen herauszustreichen, und aktiv nach Verbesserungsmöglichkeiten zu suchen. Darüber zu klagen, wie hoffnungslos die Situation von Kindern in alkoholbelasteten Familien ist, bringt für diese Kindern keine Verbesserung. Hervorzuheben, welche *Stärken* und *Ressourcen* sie trotzdem haben, soll die Anerkennung ihres Schicksals nicht schmälern, sondern das Potenzial zur Selbsthilfe fördern.

Kinder von alkoholkranken Menschen haben Eigenschaften und Verhaltensweisen angenommen, die ihnen schaden, die aber auch *positive Aspekte* haben. Sie erwerben in ihrer Kindheit *Überlebensqualitäten* und verfügen über Stärken, auf die sie aufbauen können. Viele Menschen, die als Erwachsene einen Beruf im Sozialbereich übernehmen, sind in dysfunktionalen Familiensystemen aufgewachsen. Sie haben Antennen entwickelt, womit sie sehr sensibel die Stimmungen in der Familie auffangen können; hohes Einfühlungsvermögen ist ein Talent, das sie vielleicht unter anderen Umständen nicht ausgebildet hätten. Auch für andere da und hilfsbereit zu sein, haben sie früh gelernt.

Kinder, die in solch schwierigen Verhältnissen aufwachsen, sind nicht *nur* Opfer; jedoch brauchen sie eine Umgebung, in der sie die Möglichkeit bekommen, ihre Stärken einzubringen, darauf stolz sein zu können und gleichzeitig zu lernen, auch auf sich selbst und ihre eigenen Bedürfnisse zu schauen. Viele Kinder aus Suchtfamilien haben ein großes Potenzial an sozialer Intelligenz, sie können sich gut in andere Menschen einfühlen; das ist eine großartige Qualität, doch sie müssen auch auf ihre eigenen Bedürfnisse hören lernen. Andere können gut Stress ertragen, weil sie das Chaos gewöhnt sind; das ist ihre Stärke, aber sie müssen auch lernen zu sagen, wann sie Ruhe brauchen. Kinder aus alkoholbelasteten Familien brauchen definitiv die Möglichkeit, auf die eigenen Gefühle zu horchen und sich selbst als wichtig wahrzunehmen; dann können sie ihre persönlichen Eigenschaften auch als Stärke verstehen.

## 7. Resilienz – gesunde Entwicklung trotz widriger Umstände

An mehreren Stellen dieser Arbeit kam bereits der Begriff *Resilienz* vor.

Die Ausbildung und Stärkung von Resilienz stellen wichtige Faktoren in der pädagogischen Arbeit mit Kindern aus alkoholbelasteten Familien dar; daher wird der Betrachtung des Resilienzkonzeptes hier auch ein großer Stellenwert eingeräumt.

### 7.1 Begriffsbestimmung

Das Wort „Resilienz" leitet sich vom englischen Wort „resilience" ab und bedeutet „Spannkraft, Widerstandsfähigkeit, Elastizität". Das englische Wort „resilient" hat die Bedeutung von „unverwüstlich", eine Bedeutung, die das Wort im heutigen Verständnis der Resilienzforschung jedoch nicht hat.

„Unter Resilienz wird die Fähigkeit von Menschen verstanden, Krisen im Lebenszyklus unter Rückgriff auf persönliche und sozial vermittelte Ressourcen zu meistern und als Anlass für Entwicklung zu nutzen. Mit dem Konzept der Resilienz verwandt sind Konzepte wie Salutogenese, Coping und Autopoiese. Alle diese Konzepte fügen der Orientierung an Defiziten eine alternative Sichtweise bei." (Welter-Enderlin, 2006, 13)

Froma Walsh versteht unter Resilienz „die Fähigkeit, zerrüttenden Herausforderungen des Lebens standzuhalten und aus diesen Erfahrungen gestärkt und bereichert hervorzugehen". (Walsh, 2006, 43) Das bedeutet also, die schwierige Situation nicht bloß unbeschadet zu überstehen, sondern sogar die Chance zu nutzen, an ihr zu wachsen. Die Begriffe „Stressresistenz", „psychische Robustheit" oder „psychische Elastizität" werden im Fachdiskurs häufig synonym für Resilienz verwendet (vgl. Wustmann, 2004, 18).
Nach Steinberg und Ritzmann sind Resilienz und Stressresistenz nicht unbedingt deckungsgleich. „Während Resistenz die Fähigkeit eines Systems beschreibt, Hömöostase aufrechtzuerhalten, geht es bei Resilienz um die Fähigkeit, möglichst früh in einer Belastungssituation Anpassungsprozesse in Gang zu setzen, die eine Rückkehr zur Homöostase begünstigen." (Zit. nach Grünke, 2003, 40)

Wustmann definiert Resilienz folgendermaßen: „Resilienz meint die psychische Widerstandsfähigkeit von Kindern gegenüber biologischen, psychologischen und psychosozialen Entwicklungsrisiken." (Wustmann, 2004, 18) Resilienz hat nach diesem Verständnis zwei Erscheinungsformen: „Resilienz kann verstanden werden als das

Ausbleiben negativer Entwicklungsabweichungen angesichts signifikanter Risken oder als die gelingende Lebensgestaltung trotz entwicklungsadversiver Lebensumstände." (Opp, 2003)

In der Resilienzforschung werden folgende Phänomene genauer betrachtet (vgl. Wustmann, 2004, 19 f.):

1) Die positive gesunde Entwicklung trotz *andauerndem, hohem Risiko-Status* z. B. chronische Armut, niedriger sozioökonomischer Staus, elterliche Psychopathologie, (auch sog. Multiproblem-Milieus)
2) Die beständige Kompetenz unter *akuten Stressbedingungen*, z.B. elterliche Trennung und Scheidung, Verlust eines Geschwisters, (=so genannte nicht-normative kritische Lebensereignisse)
3) Die positive bzw. schnelle Erholung von *traumatischen Erlebnissen* wie Tod eines Elternteils, sexueller Missbrauch oder Kriegserlebnisse.

Von Resilienz spricht man erst dann, wenn besondere Schwierigkeiten oder Widerstände überwunden werden müssen. Levold (2006) betont das dem Resilienzkonzept innewohnende „Interaktionsschema" – Resilient ist man immer „in Bezug auf etwas anderes, das ‚etwas mit uns macht' und daher auf irgendeine Weise ein Problem für uns darstellt, auf das wir reagieren" (Levold, 2006, 234).

Verfügt ein Kind an sich über ein hohes Maß an Selbstbewusstsein oder Sozialkompetenz, ist das noch kein Zeichen für Resilienz, solange es nicht *trotz* oder unter Umständen sogar *durch* die Bewältigung besonderer Aufgaben entstanden ist (vgl. Wustmann, 2004).
Die Ausbildung von Resilienz ist demnach an die Überwindung einer Krise gebunden.

## 7.2 Resilienzforschung

Die Resilienzforschung entwickelte sich seit den 80er-Jahren des 20. Jahrhunderts als Zweig der Entwicklungspsychopathologie. Ausgehend von den Beobachtungen von Risikogruppen, wie in der 1955 von Werner & Smith initiierten Kauai-Längsschnittuntersuchung, wurde das Forschungsinteresse ausgelöst. Man entdeckte, dass Kinder, die unter zerrüttenden, widrigen Bedingungen leben und teils traumatisierende Erfahrungen machen, nicht zwingend mit Entwicklungsbeeinträchtigungen aus diesen Lebensumständen hervorgehen und als Erwachsene nicht unbedingt an den Folgen psychischer Schäden leiden müssen. Man gelangte zu der Überzeugung, dass – auch wenn das Leben vieler Menschen unter extremen Belastungen zerstört wird – eine Gruppe von Menschen gefährdende Lebensumstände erstaunlicherweise unbeschadet übersteht. Aufgrund dieser Erkenntnisse musste man umdenken und von dem linearen Zusammenhang zwischen widrigen Umständen und Erkrankung ablassen. Als typisches Beispiel für die Hypothese „Belastungen führen zu Störungen" nennt Grünke (2003) das Paradigma der frühen Psychoanalyse nach Sigmund Freud. Freud ging von einem nahezu kausalen Zusammenhang zwischen traumatischen Kindheitserlebnissen und neurotischen Störungen aus.

Das Resilienzkonzept ist eng mit dem Konzept der Salutogenese des Medizinsoziologen Antonovsky verbunden. Demnach ist es nicht zielführend zu fragen: Warum werden Menschen krank? Sondern: Was ist es, dass Menschen trotz widriger Umstände gesund bleiben lässt? Menschen, die trotz hoher Risikobelastung gesund bleiben, werden als resilient bezeichnet.

„Das Resilienzparadigma impliziert einen Perspektivenwechsel weg von einem Defizit-Modell hin zu einem Ressourcen- bzw. Kompetenz-Modell." (Wustmann, 2004, 72)

Das heißt, man fragt dabei nicht nach dem Mangel, sondern nach den Stärken und Spezialisierungen der resilienten Menschen.

### 7.2.1 *Resilienz – nature or norture*

Wieso aber haben es die einen, aber die anderen nicht? Wird ein Mensch mit den Anlagen zur Resilienz geboren, oder erwirbt er sie erst später in seinem sozialen Umfeld?

Ging man in früheren Konzeptionen (z. B. Oerter, R.) noch davon aus, dass es sich bei Resilienz um ein *angeborenes Persönlichkeitsmerkmal* handelt, beantwortet man heute diese Frage differenzierter. Bruno Hildenbrand meint dazu: „Im Verständnis der Resilienzforschung handelt es sich bei Resilienz nicht um einen Wesenszug von Individuen, sondern um Handlungs- und Orientierungsmuster, die Individuen in der Konfrontation mit und der Bewältigung von widrigen Lebensumständen herausbilden." (Hildenbrand 2006, 205) Auch für Corina Wustmann, die die Betrachtung der psychischen Widerstandsfähigkeit von Kindern in das Konzept der Vulnerabilität einerseits und das Konzept der Resilienz andererseits ausdifferenziert, „(…) bezeichnet (Resilienz) kein angeborenes Persönlichkeitsmerkmal eines Kindes, sondern umfasst eine Kapazität, die im Verlauf der Entwicklung im Kontext der Kind-Umwelt-Interaktion *erworben* wird" (Wustmann, 2004, 28).

In der vorliegenden Literatur werden als Resilienz begründende Persönlichkeitsmerkmale u. a. ein angenehmes Temperament, Intelligenz, Selbstwertgefühl und Selbstwirksamkeit und „in inneren Arbeitsmodellen verdichtete Bindungserfahrungen" (Garmezy, 1988 zit. nach Borst, 2006, 196) genannt.

Man kann einige dieser Merkmale als angeborene Eigenschaften des Kindes interpretieren, damit würde man aber die von Geburt an ablaufenden Resilienz fördernden Prozesse gänzlich vernachlässigen. Da sich die menschliche Entwicklung von Anbeginn in Interaktion mit seiner Umgebung ereignet, sind eventuelle Prädispositionen (schützende Eigenschaften im Kind) und schützende Umweltbedingungen nicht sauber voneinander zu trennen, weil sie in ständiger Wechselwirkung zueinander stehen.

Ich möchte mich der Formulierung von Winkler (2006, 25) anschließen, die von „förderlichen Voraussetzungen in der Persönlichkeit des Kindes" spricht, um der Bezeichnung einer angeborenen Widerstandsfähigkeit als Personmerkmal (vgl. Rieckmann, 2002, 464) die Starrheit zu nehmen. Sowohl Eigenschaften der Person als auch Umweltfaktoren spielen eine förderliche oder hinderliche Rolle bei der individuellen Bewältigung von schwierigen Entwicklungsbedingungen, sie greifen untrennbar ineinander ein. Einzig, wenn Resilienz als Prozess aufgefasst wird, kann der Komplexität ihres Entstehens Rechnung getragen werden. Selbst wenn ein einmaliger Charakter und ein angeborenes Temperament des Neugeborenen genetisch determiniert ist, wie Nuber (1995, 85) annimmt, so besitzt das Kind mit dieser genetischen Ausstattung die Möglichkeit, in einer bestimmten Art auf seine Umwelt einzuwirken. Doch dieses Temperament ist kein Schicksal und lässt keine Voraussagen für einen positiven oder negativen Entwicklungsverlauf zu. „Ausschlaggebend ist vielmehr die Reaktion der *Umwelt* auf das Temperament des Kindes. (....) Eine optimale Entwicklung kommt am ehesten dann zustande, wenn eine Konsonanz zwischen dem Temperament, ebenso wie Motivationen und Fertigkeiten des Kindes einerseits und den Erwartungen, Anforderungen und Möglichkeiten der Umwelt andererseits besteht." (Zentner, M. zit. nach Nuber 1995, 94) Diese Aussage deckt sich mit der Aussage, dass die Rollenübernahme in alkoholbelasteten Familien als Überlebensstrategien der Kinder zu verstehen ist (vgl. Abschnitt 4.3) und dass mithilfe der „Passung" zwischen kindlichem Temperament und sozialer Umgebung (vgl. Abschnitt 2.4) Entwicklungsverläufe gelingen.

Man geht also in der aktuellen Resilienzforschung nicht mehr von angeborenen Eigenschaften des resilienten Kindes aus, sondern von einem *prozesshaften Geschehen* zwischen Individuum und Umwelt. Bereits Emmy Werner nennt in ihrer viel zitierten Kauai-Längsschnittstudie einerseits schützende Eigenschaften, die vom Kind ausgehen, und andererseits schützende Faktoren in der Familie und in der Gemeinde (vgl. Welter-Enderlin, 2006, 22). Welter-Enderlin spricht sich für eine komplexe Sicht auf das Thema aus, „welche multiple, internal und external schützende Faktoren als Quellen von Resilienz betrachtet" (Welter-Enderlin, 2006, 10).

Wustmann merkt an, dass die Annahme, Resilienz sei ein angeborenes Wesensmerkmal, auch ethische Probleme aufwirft: „Denn wenn ein Kind einfach nicht über diese entscheidende Eigenschaft verfügt, um sich gesund und positiv zu entwickeln, könnte dies zu einer Etikettierung führen und eine Förderung bzw. Stärkung von Resilienz hinfällig machen. In diesem Fall würde man davon ausgehen, dass jede Ursache im Kind selbst liegt." (Wustmann, 2004, 29)
Betrachtet man Resilienz als Handlungs- und Orientierungsmuster, die in Interaktion mit der Umwelt erworben werden, wird das Konstrukt Resilienz als Fähigkeit interpretiert, die jederzeit nachträglich erworben werden kann – also zu einer kindlichen Widerstandskraft, die pädagogisch gefördert werden kann.

Um auch sprachlich Klarheit zu schaffen, schlägt Luthar (zit. nach Wustmann 2004) vor, den Gebrauch des Adjektivs „resilient" im Sinne der Bezeichnung „resilientes Kind" zu vermeiden, weil damit die Gefahr verbunden ist, Resilienz als Anlage im Kind missverstehen zu können. Stattdessen sollten Begriffe wie „resiliente Anpassung" oder Umschreibungen wie „scheinbar/offenbar resilient", „emotional gesund" oder „verhaltenskompetent" verwendet werden.
Wenn Resilienz kein angeborenes Persönlichkeitsmerkmal darstellt, sondern in Interaktion mit der Umwelt erworben wird, führt das zur Frage, ob und wie Resilienz gefördert werden kann.

Nuber (zit. nach Grünke, 2003) vertritt eine ausgesprochen optimistische Einstellung, wenn sie meint, dass Resilienz eine Fähigkeit ist, die jeder Mensch, auch als Erwachsener, lernen kann. Sie meint jedoch, dass Kinder bis zum 10. Lebensjahr leichter resiliente

Eigenschaften entwickeln. Auch Klein plädiert für die möglichst frühzeitige Förderung (Klein, 2000, 147). Andere Autoren wie z. B. Speck (zit. nach Grünke, 2003) sind skeptischer und verweisen auf Probleme, die sich u. a. durch die Ausdehnung des Begriffverständnisses auf soziale Ressourcen ergeben. Denn soziale Ressourcen lassen sich pädagogisch nicht beeinflussen, so wie auch manche personalen Ressourcen[12]. Auf die Frage, wie man Resilienz pädagogisch fördern kann, wird zu einem späteren Zeitpunkt noch einmal ausführliche eingegangen.

### 7.2.2 *Sind resiliente Menschen immun gegenüber dem Schicksal?*

In der früheren Resilienzforschung wurde Resilienz auch als Unverletzbarkeit (invulnerability) verstanden (vgl. Garmezy, zit. nach Welter-Enderlin, 2006, 15). Man bezeichnete resiliente Kinder als „unverwundbar, unbesiegbar und unverwüstlich" (vgl. z. B. Anthony, 1974; Anthony & Cohler, 1987; Werner & Smith, 1982) und betitelte Literatur zum Thema Resilienz bei Kindern mit „Die Wunderkinder" oder „Superkids". (vgl. Kauffman et al., 1979; Tress, 1986; zit. nach Wustmann, 2004, 28).

Heute wird Resilienz nach allgemeinem Verständnis so verstanden, dass resiliente Menschen ebenso verletzlich und verwundbar sind wie andere auch. Der Begriff Resilienz meint nicht die Verleugnung des Vorhandenseins von Trauer, Verzweiflung und Leid. Resilienz meint auch nicht, alles stets positiv zu sehen.
Doch resiliente Menschen verfügen über die Fähigkeit, sich zu „biegen", statt an der Krise zu „zerbrechen", und Lösungswege zu suchen, statt aufzugeben. Resiliente Menschen sind in der Lage, „nach dem Verkraften der äußeren Einwirkung wieder zum ursprünglichen Zustand zurückzukehren" (Grünke, 2003, 39).

Resiliente Menschen sind also weder unverwundbar („die Kinder mit der dicken Haut", Wustmann, 2004) noch ist ihre Widerstandskraft stabil. Das ist besonders für die Konzipierung von Präventions- und Interventionsmaßnahmen und die pädagogische Praxis von Bedeutung: auch resiliente Kinder brauchen Hilfe und Unterstützung (vgl. Robinson, 1989) genauso wie Kinder, die ganz offenbar dem Druck ihrer Lebensumstände nicht so gut gewachsen sind, denn ihre Widerstandskraft ist weder unerschöpflich, noch verlässlich auf unterschiedliche Lebensbereiche ausdehnbar.

### 7.2.3 *Resilienz ist ein dynamischer Anpassungs- und Entwicklungsprozess*

Geht man davon aus, dass Resilienz in Auseinandersetzung mit der Umwelt erworben wird, dann ist daran die interaktionale Betrachtungsweise wesentlich, d. h. die Erschaffung von Resilienz ist eine dynamische Leistung, die durch die Beteiligung von Individuum und Umwelt entsteht. Werner beschreibt dieses Verhältnis von Individuum und Umwelt in einem „Wendeltreppenmodell": „Seine individuellen Dispositionen führen das Kind dazu, für sich günstige Umwelten zu wählen, also Umwelten, die es schützen, die seine Fähigkeiten fördern und sein Selbstbewusstsein stärken." (Hildenbrand, 2006, 21) Wesentlich an diesem interaktiven Modell ist die *aktive* Rolle des Individuums in diesem Prozess der Aneignung von resilientem Verhalten. Stress wird demnach vom

---

[12] Man denke dabei z. B. an die Charaktereigenschaft „Humor", wie sie von Wolin & Wolin als einer von sieben Resilienzfaktoren genannt wird. Dabei stellt sich die Frage: Kann man Humor erlernen? (Siehe Abschnitt 6.1.)

Individuum nicht passiv erduldet, sondern je nach der Bedeutung, die das Individuum der Situation beimisst, aktiv eingeschätzt und bewältigt.[13,14].

Aufgrund der gelungenen Bewältigung wächst im Kind Selbstbewusstsein und ein positives Gefühl der Selbstwirksamkeit und somit schafft es eine günstige Voraussetzung für neue Herausforderungen.

Das gleiche „Wendeltreppenphänomen" kann man auch negativ gewendet beobachten: „Kinder, die unter extrem chaotischen oder kontinuierlich negativen Bedingungen aufwachsen, scheinen keine altersangemessenen Kompetenzen entwickeln zu können, so dass mit zunehmendem Alter das Risiko für eine fehlangepasste Entwicklung steigt." (Wustmann, 2004, 31)

Ergebnisse einer Längsschnittstudie von Farber und Egeland (1987) (zit. nach Wustmann, 2004) zeigen auf, dass benachteiligte und misshandelte Kinder, die mit zwölf Monaten noch zu 50 Prozent resilient waren, als Vorschulkinder nur noch zu 20 Prozent als resilient eingeschätzt werden konnten.

Resilienz kann also nicht als *konstante Größe* betrachtet werden. Die Muster zur Bewältigung von Krisen sind nicht stabil, sondern konstituieren sich je nach Erfahrungen immer neu – so ist Entwicklung sowohl in positive als auch in negative Richtung jederzeit möglich. Nach heutigem Forschungsstand ist Resilienz „ein Konstrukt, das über die Zeit und Situationen variieren kann" (Rutter, 2000; Waller, 2001; zit. nach Wustmann, 2004, 30). Einmal resilient zu sein bedeutet demnach keinesfalls für immer resilient zu sein. Die erworbene psychische Widerstandskraft bezieht sich auf die jeweilige Anforderung und ist keine lebenslange Fähigkeit. So betont Hildenbrand (Hildenbrand, 2006, 24), dass das Verständnis von Resilienz als Prozess mit sich bringt, dass heute erworbenes Resilienzverhalten sich morgen schon als Risikofaktor erweisen kann. Als Beispiel nennt er den Schutzfaktor Familienkohäsion, der Kinder schützt, solange sie klein sind, sie aber behindert, sobald sie sich von der Familie ablösen wollen (ebd.).

### 7.2.4 *Resilienz ist situationsspezifisch und multidimensional*

So wie einmal erworbene Resilienz kein Garant für lebenslange Widerstandskraft bedeutet, kann sie nicht auf alle Lebens- und Kompetenzbereiche übertragen werden. Es ist laut Längsschnittuntersuchungen von Kaufman et al. (1994) (zitiert nach Wustmann 2004) nicht zulässig, von der Resilienz im Bereich der schulischen Leistungsfähigkeit z. B. auf die Resilienz sozialer Kontakte rückzuschließen. „Aus diesem Grunde wird heute nicht mehr von einer universellen/allgemeingültigen, sondern von einer situations- und lebensbereichsspezifischen Resilienz ausgegangen." (Wustmann 2004, 32) Man differenziert deshalb den Resilienzbegriff bereits in die Begriffe der „emotional

---

[13] Thomas Theorem: "If men define situations as real, they are real in their consequences." (W. I. Thomas)

[14] „Ausgehend von der Annahme, dass das Universum gut sei und etwas nur aufgrund einer fehlerhaften Beurteilung als böse interpretiert werden könne, wurde (von den römischen Stoikern) ein ungestörter Zustand inneren Friedens (Ataraxia) bzw. ein Streben nach emotionaler Entspanntheit auch im Angesicht widriger Ereignisse (Apatheia) als oberstes Ziel menschlichen Lebens angesehen. Der Weg zur seelischen Ausgeglichenheit führte über die Verinnerlichung bestimmter Überzeugungen, denn (…) „nicht die Dinge selbst, sondern die Meinung von den Dingen beunruhigen die Menschen". (Epiktet, 1864,22) Zielführende Denkweisen waren insbesondere dadurch gekennzeichnet, dass sie zwischen kontrollierbaren und unkontrollierbaren äußeren Ereignissen trennten." ( Grünke, 2003, 127)

resilience", „academic/educational resilience", „social resilience", „cultural resilience" oder behavioral resilience" (Luthar et al., 2000, zit. nach Wustmann 2004).

Anhand der bisherigen Ausführungen wird bereits die Gefahr der Verschwommenheit des Begriffes Resilienz deutlich. Der Resilienzbegriff wird, wie Grünke (2003) kritisiert, sehr inkonsequent verwendet, was eine „saubere" Trennung von protektiven und resilienten Faktoren erschwert. Eine begriffliche Trennung ist sowohl zwischen Vulnerabilität und Risikofaktoren als auch zwischen Schutzfaktoren und Resilienz wichtig, was sich aufgrund der komplexen Wechselwirkungen zwischen den Phänomenen kompliziert gestaltet.

### 7.2.5 *Vulnerabilität*

Wustmann (2004) geht von einer angeborenen Vulnerabilität aus. Darunter kann man Defizite, Schwächen und Defekte des Kindes subsummieren. Dabei kann es sich sowohl um physische, kognitive oder psychische Schwächen handeln. Das Konzept der Vulnerabilität ist relativ alt, bereits 1845 wird die Existenz eines individuellen Erkrankungsrisikos im psychiatrischen Lehrbuch „Die Pathologie und Therapie von psychischen Krankheiten" von Wilhelm Greisinger beschrieben. Die Vulnerabilität prädisponiert das Kind dafür, ob es unter Einfluss von Risikobelastungen Erlebens- und Verhaltensstörungen ausbildet oder nicht. Allerdings bedeutet die individuelle Bereitschaft auf bestimmte Risikofaktoren mit einer Störung zu reagieren lediglich eine höhere Empfänglichkeit und keine Determinierung.

Fingerle (2000) gibt zu bedenken, dass Vulnerabilität zweierlei Bedeutung haben kann: „1) Vulnerabilität wird als ein interner, interpersonaler Faktor aufgefasst, der die Verarbeitung von aus der Umwelt auf das Individuum einwirkendem Stress in negativer Weise beeinflusst. Die Entstehung psychischer Erkrankungen ist demnach das Resultat eines gemeinsamen Auftretens von Stressoren und bestimmten Persönlichkeitsmerkmalen, ohne die der Stressor möglicherweise überhaupt keine Auswirkungen gehabt hätte.
2) Vulnerabilität wird selbst als das Resultat von Stressoren betrachtet, die auf eine Person über lange Zeit hinweg einwirken und die Auslöserschwelle für psychische Störungen senken." (Fingerle, zit. nach Grünke, 2003, 37 f.)
Vulnerabilität ist demnach nicht angeboren, sondern entsteht erst in einer Wechselwirkung mit externen Risikofaktoren.

Werner beschreibt Vulnerabilität und Schutzfaktoren als Gegenpole. Schutzfaktoren können vorhandene Vulnerabilität kompensieren. Eine Annahme, die nach Fingerle nicht haltbar ist, „denn wenn ein Merkmal den unerwünschten Effekt eines anderen Merkmals aufheben soll, so müssen beide gleichzeitig vorliegen. Stellen beide Aspekte jedoch Gegenpole eines kontinuierlichen Verhaltensspektrums dar, können sie unmöglich gemeinsam existieren und miteinander interagieren" (Fingerle, 2000, zit. nach Grünke, 2003, 38).

### 7.2.6 *Risikofaktoren*

Risikofaktoren sind im Gegensatz zur Vulnerabilität im Umfeld des Kindes lokalisiert (Risikofaktoren kindlicher Entwicklung können niedriger sozioökonomischer Status, chronische Armut, chronische familiäre Disharmonie, psychische Störungen, Alkoholismus der Eltern, Kriminalität der Eltern, traumatische Erlebnisse usw. sein). Das Ausbleiben von diversen Risikofaktoren für die kindliche Entwicklung kann noch nicht als Schutzfaktor für dieselbe gewertet werden.

Meist ist ein Kind nicht mit einer einzelnen Risikobedingung konfrontiert, sondern mit einer multiplen Risikobelastung. In „Risikokonstellationen" (Luthar & Cushing, 1999 zit. nach Wustmann 2004) kumulieren die Belastungen. Neben dieser Kumulation und damit auch Belastungsverstärkung haben aber noch andere Bedingungen Auswirkungen auf die kindliche Entwicklung (vgl. Wustmann 2004):

- Die *Abfolge* von Vulnerabilitäts- und Risikofaktoren und deren gegenseitige *Wechselwirkung*
- Das *Alter* und der *Entwicklungsstand* des Kindes zum Zeitpunkt der Risikobelastung
- Der *kognitive Entwicklungsstand* des Kindes
- Die *Dauer* der Risikobelastung
- Die *Geschlechtszugehörigkeit* im Zusammenhang mit dem Alter zum Zeitpunkt der Risikobelastung
- Die *subjektive Bewertung* der Risikobelastung

### 7.2.7 *Schutzfaktoren*

„Unter risikomildernden bzw. schützenden/protektiven Bedingungen werden nach Rutter psychologische Merkmale oder Eigenschaften der sozialen Umwelt verstanden, welche die Auftretenswahrscheinlichkeit psychischer Störungen senken bzw. die Auftretenswahrscheinlichkeit eines positiven bzw. gesunden Ergebnisses (z. B. soziale Kompetenz) erhöhen." (Wustmann, 2004, 44)

Rutter schlägt als Kennzeichen für einen Schutzfaktor vor, dass er ausschließlich dann wirksam ist, „wenn eine Gefährdung vorliegt; ist keine Risikobelastung gegeben, hat der Faktor keine protektive Bedeutung" (Wustmann 2004, 45).

Petermann und Scheithauer haben eine Klassifizierung schützender Bedingungen ausgearbeitet:

- *Kindbezogene Faktoren*: Eigenschaften, die das Kind aufweist
- *Resilienzfaktoren*: Eigenschaften, die das Kind in Interaktion mit seiner Umwelt erwirbt und Eigenschaften, die es durch die erfolgreiche Bewältigung altersspezifischer Entwicklungsaufgaben erwirbt
- *Umgebungsbezogene Faktoren*: Merkmale innerhalb der Familie und im sozialen Umfeld des Kindes, z. B. stabile emotionale Beziehungen.
  (Zit. nach Wustmann, 2004)

In allen Studien zur Resilienz konnte man als wesentlichen Faktor der positiven Entwicklung der untersuchten Kinder signifikante, stabile Beziehungen zu mindestens einer verlässlichen Bezugsperson feststellen. Auch risikomildernde Bedingungen können, wie Risikofaktoren, kumulieren und einen stärkeren Schutz gegenüber schwierigeren Lebensbedingungen darstellen als z. B. nur ein einziger risikomildernder Faktor gegenüber nicht so belastenden Umständen.

### 7.2.8 *Resilienz*

Grünke plädiert dafür, unter Resilienz im engeren Sinn lediglich personale und keine sozialen Ressourcen zu verstehen. Oerter (zit. nach Grünke, 2003) spricht sich dafür aus, „(…) Vulnerabilität und Resilienz eindeutig dem Individuum als System und seinen Prozessen zuzuschreiben". Auch Wustmann stellt der Vulnerabilität die Resilienz als positives Gegenstück gegenüber (vgl. Wustmann, 2004).
Protektive Faktoren in der Persönlichkeit des Kindes sind solche, die bei insgesamt hoher Risikobelastung die Wahrscheinlichkeit erhöhen, dass die kindliche Entwicklung trotzdem positiv verläuft.
Solche in der Persönlichkeit des Kindes verankerten protektiven Faktoren sind:

- Ein einfaches Temperament: Babys, die besonders pflegeleicht zu sein scheinen, anschmiegsam und freundlich sind, können besser Zuwendung und Aufmerksamkeit ihrer Umgebung provozieren als Kinder mit schwierigem Temperament, deren Bezugspersonen dadurch in Stress und Überforderung geraten.
- Selbstbewusstsein, Eigenständigkeit und ein Gefühl von Kompetenz und Selbstwirksamkeit
- Verantwortungsbewusstsein
- Die Fähigkeit, sich selbst nicht in der Opferrolle gefangen, sondern als aktiver Akteur zu sehen.
- Humor und Kreativität

### 7.2.9 *Grenzen des Resilienzkonzeptes*

Pauline Boss warnt vor der allzu unkritischen Übernahme des Resilienzonzepts. „Resilient zu bleiben ist nicht immer wünschenswert, vor allem dann nicht, wenn es immer nur eine und dieselbe Person ist, von der erwartet wird, dass sie biegsam ist." (Boss, zit. nach Hildenbrand 2006, 25)

Dieser Punkt scheint mir vor allem im gegenständlichen Zusammenhang wichtig: Resilientes Verhalten bedeutet nicht, dass dem Betroffenen seine schwierige Situation keine Probleme macht – er wird nur besser damit fertig. Auch Robinson (1989) warnt vor der Gefahr, die resilienten Kinder in der alkoholgefährdeten Familie zu übersehen, da sie so gut angepasst scheinen und mit der Situation besser zurechtkommen als nicht resiliente Geschwister. „Resilient children sound like carbon copies of the family hero. On the surface these kids appear to be functioning exceptionally well. (...) It is important that the helping professions not discount the resilient child simply because he or she appears to be functioning better than the more vulnerable children in the family. Resilient children may, in fact, be in greater need than those who can reveal their vulnerability." (Robinson, 1989, 37f.) In der pädagogischen Praxis muss daher sensibel abgeschätzt werden, ob sich hinter dem resilienten Verhalten eines Kindes nicht vielleicht ein großes Bedürfnis nach Unterstützung versteckt.

Bei allen positiven Aspekten des Resilienzkonzeptes sollte man immer im Auge behalten, dass resilientes Verhalten auch seinen *Preis* hat. Z. B. verweist Göppel auf Befunde aus Längsschnittstudien, die aussagen, dass bei „jenen Probanden, die auf verschiedenen Entwicklungsstufen durch ihre oftmals erstaunliche Fähigkeit imponierten, vielfältigen Problemen zu trotzen, die trotz großer Hindernisse ihre Schullaufbahn zielstrebig verfolgt und es zum Teil zu beachtlichen beruflichen Erfolgen gebracht hatten, diese permanenten Anstrengungen doch auch ihren Preis hatten, dass es nämlich gerade bei ihnen nicht selten eine auffällige Häufung psychosomatischer Beschwerden, eine gewisse Zurückhaltung gegenüber langfristigen intimen Bindungen und eine ihnen oftmals selbst schwer erklärliche Unfähigkeit gab, die eigenen Erfolge entspannt zu genießen" (Göppel, 1997, 283).

Demnach ist in der pädagogischen Praxis nicht nur wichtig, Resilienz zu fördern, sondern gleichzeitig an der Fähigkeit der Kinder zu arbeiten, anderen Menschen zu vertrauen, Bindungen einzugehen und sich zu entspannen.

## 7.3 Abgrenzung des Resilienzbegriffes gegenüber Coping und Salutogenese

Die Konzepte der Resilienz, des Coping und der Salutogenese sind verwandt und kommen auch in dieser Arbeit immer wieder vor, doch wodurch unterscheiden sie sich?

Das Verhältnis der Konzepte Resilienz, Coping und Salutogenese ist durch Überlappungen gekennzeichnet, daher ist es schwierig, sie scharf voneinander abzugrenzen (vgl. Borst, 2006).

Der Begriff Resilienz wird nach Anthony (1987) verwendet, weil er im Vergleich zu „coping" zeitlich und situativ mehr überdauernde Aspekte der erfolgreichen Bewältigung von Belastung thematisiert. Borst kritisiert die Unschärfe der Begriffe und meint, dass der Begriff Salutogenese zwar auf einen Prozess verweist, er „verwendet aber zum Nachweis der infrage stehenden Phänomene Querschnitts- und retrospektive Untersuchungen, während das Konzept der Resilienz eigentlich das Prozesshafte betonen will und dies auch mit prospektiven Studien nachweist, mit dem Wort aber eher eine Eigenschaft suggeriert". (Borst, 2006, 197) Murphy (1974, zit. nach Welter-Enderlin, 2006, 11) betont den Unterschied zwischen Resilienz und Coping, und meint Resilienz sei „something underneath", und spricht damit die einmaligen, persönlichen Stärken eines Kindes an, wohingegen Coping die Fähigkeit zur Verarbeitung von Belastung meint.

### 7.3.1 *Coping – Problemlösungsverhalten resilienter Menschen*

„To cope with something" bedeutet im Deutschen so viel wie: die Lage meistern, zurande kommen, es schaffen, mit etwas fertig werden (Langenscheidt, 2001).

Menschen, die resilientes Verhalten ausbilden konnten, verfügen über charakteristische Problemlösungsstrategien, um erfolgreich Aufgaben, die sich aus ihrer schwierigen Situation ergeben, zu bewältigen.

Am Beispiel der entwicklungspsychologischen Konzepte der Entwicklungsaufgaben (vgl. Erikson, Havighurst), lässt sich die Bewältigung von Anforderungen im Lebenslauf, die als Herausforderungen zu verstehen sind, verdeutlichen. Dabei stellen die Entwicklungsaufgaben Herausforderungen (Stressoren) dar, die von Menschen individuell unterschiedlich bewältigt werden. Doch nicht nur in der Entwicklungspsychologie, sondern auch im größeren Rahmen der Gesamtentwicklung der Psychologie hat die Coping-Forschung einen enormen Boom erlebt (vgl. Göppel, 1997, 296 f.).

Der Begriff des Copings steht in engem Zusammenhang mit den psychologischen Fachbegriffen „Stress" und „kritische Lebensereignisse". „Ursprünglich stammt das Stresskonzept aus dem physiologischen Bereich und meint eine Störung der Homöostase des körperlichen Immunsystems." (Göppel, 1997, 297) Der psychologische Begriff „Stress" ist nach Oerter/Montada (2002, 389) definiert als das Verhältnis von Herausforderungen zu vorhandenen Ressourcen.

Unter dem Begriff der „kritischen Lebensereignisse" werden verschiedene Ereignisse zusammengefasst, die sich vom Alltagsgeschehen in irgendeiner Weise abheben, das kann die Geburt eines Geschwisters genauso sein wie Unfälle, Erkrankungen, Tod eines nahen Angehörigen etc. Stressfaktoren und kritischen Lebensereignissen wird mit individuellen Bewältigungsstrategien, dem Copingverhalten, begegnet.

Einer der bedeutendsten Konzeptualisierungsversuche menschlichen Bewältigungs-verhaltens stammt von Richard S. Lazarus. Sein Ansatz ist kognitiv-phänomenologisch orientiert. Nach Lazarus sind die Auswirkungen, die Stress auf einzelne unterschiedliche Individuen hat, davon abhängig, wie das Individuum den Stress bewertet und über welche Bewältigungsstrategien dieses Individuum verfügt. Stress ist demnach kein Merkmal der Umwelt und auch kein Merkmal der Person, sondern ein Ausdruck einer spezifischen Person-Umwelt-Beziehung, die durch ein Missverhältnis von Anforderungen und Ressourcen entsteht. „Im Gegensatz zu früheren Stresstheorien ging Lazarus davon aus, dass nicht die Beschaffenheit der Reize oder Situationen für die Stressreaktion von Bedeutung sind, sondern die individuelle kognitive Verarbeitung des Betroffenen." (Wikipedia 29. 12. 2006) Daher sind Menschen für verschiedene Stressoren unterschiedlich empfänglich. Was für den einen Stress bedeutet, muss für den anderen keinen Stress darstellen.

Lange Zeit wurde dem aktiven, problemorientierten Coping der Vorzug gegeben, man betrachtete es im Gegensatz zum emotionalen und vermeidenden Coping als funktional und effektiv. Erst in den vergangenen Jahren fand man zu einer dynamischeren Sicht, die die Funktionalität des jeweiligen Problemlösungsverhaltens im Kontext der Situation betrachtete (vgl. Hepp, 2006, 151). Bei Lazarus ist „Stress" ein Sammelbegriff für alle „Problembewältigungsbemühungen, die vom Individuum unternommen werden, wenn die Anforderungen, denen es sich gegenüber sieht, von hoher Bedeutung für sein Wohlergehen sind (…) und wenn diese Anforderungen gleichzeitig seine Ressourcen der Anpassung auf die Probe stellen" (Lazarus, zit. nach Göppel, 1997, 301 f.). Lazarus bewertet die Art des Copings nicht – Bewältigung stellt für ihn jede individuelle Problemlösung dar, die dem Subjekt hilft, mit der Situation fertig zu werden. Also die Flucht in Verdrängung, Verharmlosung und Sucht gelten für ihn als ebenso gelungene Problemlösungsstrategien, die dazu führen, dass das Subjekt sich ruhiger und angstfreier erlebt.

Im Folgenden möchte ich auf *konkrete Problemlösungsstrategien* resilienter Menschen eingehen und beziehe mich dabei auf die Aussagen von Ursula Nuber (1999), die auf anschauliche Weise in sieben Punkten darlegt, über welche Bewältigungsmöglichkeiten resiliente Personen verfügen. Ich räume diesen Ausführungen deswegen so viel Platz ein, weil sie m. E. gut geeignet sind, um sie in der pädagogischen Praxis in die Tat umzusetzen.

> ⇒ In so markierten Unterpunkten schlage ich vor, wie sich die jeweilige Problemlösungsstrategie von Kindern aus Suchtfamilien anwenden lässt. Die Vorschläge haben die Form von Zielformulierungen für die pädagogische Förderung von Resilienz bei Kindern.

1. *„Resiliente Menschen akzeptieren die Krise und die damit verbundenen Gefühle"*
   Anlässlich einer akuten Krise, z. B. ein Schicksalsschlag durch den Tod einer geliebten, nahe stehenden Person, sind Menschen geneigt, die Situation zu leugnen. Auch resiliente Menschen sind im erstem Augenblick einer Krise planlos und verzweifelt, doch sie lassen sich und ihren Gefühlen Zeit und vertrauen darauf, dass eine Zeit kommen wird, in der sie wieder wissen, was zu tun ist. Resiliente Menschen verdrängen ihre Gefühle nicht. Sie reißen sich nicht zusammen, sondern stehen zu ihrer Trauer, ihrer Verzweiflung, ihrer Wut und ihren Ängsten. Sie schämen sich nicht für diese Gefühle und frieren sie daher nicht ein.

   > ⇒ Kinder aus Suchtfamilien müssen lernen, ihre Familiensituation als das zu akzeptieren was sie ist. Sie brauchen die Gelegenheit, sich mit kompetenten Menschen mit dem Phänomen der Sucht auseinanderzusetzen, offen und klar darüber zu kommunizieren und die damit verbundenen Gefühle empfinden und zulassen zu lernen.

2. *„Resiliente Menschen suchen nach Lösungen"*
   Haben resiliente Menschen die Krise einmal als solche wahrgenommen und anerkannt, folgt die Reaktion darauf. Anstatt ständig über den Schicksalsschlag nachzudenken, zu grübeln und zu jammern, überlegen resiliente Menschen, was sie nun tun können. Sie sind auch in tiefster Trauer in der Lage, nach Lösungsmöglichkeiten zu suchen.

   > ⇒ Kinder aus Suchtfamilien sollen – nachdem sie in einer Umgebung, die sich solidarisch zeigt und Sicherheit vermittelt, ihre Trauer und Wut zulassen konnten – lernen, ihre Situation aktiv zu gestalten.

3. *„Resiliente Menschen lösen ihre Probleme nicht allein"*
   Resiliente Menschen suchen in schwierigen Zeiten die Nähe von anderen Menschen, die ihnen Hilfe anbieten. Sie empfinden es nicht als grundsätzlich bessere Lösung, ihre Probleme im Alleingang zu bewältigen und sprechen mit anderen über ihre Sorgen. Resiliente Menschen suchen dabei Menschen auf, die einfühlend und unterstützend sind, und die ihnen Mut machen, an sich und seine Stärken zu glauben.

   > ⇒ Kinder aus Suchtfamilien sollen lernen, um Hilfe zu bitten und Unterstützung anzunehmen. Sie sollen die Erfahrung machen

können, dass sie nicht allein sind und dass es keine Schande ist, sich schwach zu fühlen und Hilfe zu brauchen.

4. *„Resiliente Menschen fühlen sich nicht als Opfer"*
In einer Krise zu stecken beinhaltet die Gefahr, alles düster zu sehen. Nichts scheint zu gelingen, alles wirkt grau in grau. Auch resiliente Menschen empfinden so, aber sie haben das Talent, nach einer Weile die Opferrolle abzustreifen, Kontrolle über die Situation zu bekommen und über ihre Situation auch anders zu denken.

⇒ Kinder aus Suchtfamilien sollen die Opferrolle ablegen und selbstverantwortliches Handeln erlernen. Selbstverantwortliches Handeln stärkt das Gefühl von Selbstwirksamkeit und reduziert Angst und Hilflosigkeit.

5. *„Resiliente Menschen bleiben optimistisch"*
Eine optimistische Lebenseinstellung ist ein wesentliches Wesensmerkmal resilienter Menschen. Ohne sie wäre es undenkbar, daran zu glauben, dass sich alles irgendwann zum Besseren wenden wird. Dabei geht es nicht darum, die Realität zu verleugnen, oder negative Umstände schönzureden. Optimistisch zu denken bedeutet mit Zuversicht und Vertrauen auf das Leben zuzugehen und meint im Wesentlichen das, was bei Erikson unter Hoffnung zu verstehen ist. „Hoffnung hat die Funktion, ein grundsätzliches Vertrauen in die Welt und sich selbst über alle Unsicherheiten hinweg zu erhalten: ‚Hoffnung ist sozusagen reine Zukunft.'" (Erikson, zit. nach Abels/Link, 1989, KE 3–4, 21)

⇒ Kinder aus Suchtfamilien sollen im Sinne Seligmans eine optimistische Haltung gegenüber dem Leben einnehmen lernen, um sich gegen Gefühle der Hilf- und Machtlosigkeit zu schützen (vgl. Abschnitt 8).

6. *„Resiliente Menschen geben nicht ausschließlich sich selbst die Schuld"*
Zu Beginn einer kritischen Situation sind sowohl Opfergefühle als auch Schuldgefühle eine ganz natürliche Reaktion. Resiliente Menschen beenden diese Selbstanklagen jedoch relativ bald und schätzen ihren eigenen Anteil am Zustandekommen der Krise realistisch ein. Sie erkennen besser als andere Menschen, dass sie nicht für alles verantwortlich sind, unterscheiden zwischen Dingen, die veränderbar sind, und schicksalhaften Ereignissen und akzeptieren, dass sie an manchen Umständen nichts verändern können.

⇒ Kinder aus Suchtfamilien müssen ihre Schuldgefühle ablegen, sie müssen lernen, dass sie die Sucht der Eltern nicht verursacht haben, nicht für die Sucht der Eltern verantwortlich sind und dass sie die Sucht der Eltern nicht heilen können.

7. *„Resiliente Menschen planen voraus"*
Resiliente Menschen halten nichts für selbstverständlich. Sie gehen davon aus, dass das Leben unberechenbar sein kann und beschäftigen sich oft mit dem „Was-wäre-Wenn". Sie bereiten sich also gedanklich auf die Wechselfälle des Lebens vor und werden von Wendepunkten des Lebens nicht überrascht.

⇒ Kinder aus Suchtfamilien überlegen Strategien für den Ernstfall, z. B.: „Was tue ich, wenn meine Mutter betrunken und bewusstlos in der Küche liegt? Was tue ich, wenn mich mein Vater betrunken im Auto mitnehmen will?"

Zusammenfassend kann man folgende Merkmale resilienter Menschen als Problemlösungs- und Problembewältigungsstrategien nennen: positives Selbstwertgefühl, Selbstständigkeit, Autonomie, ein aktiver Umgang mit Problemen, zielorientierte, handlungsbegünstigende kognitive Muster, hohes Kohärenzgefühl, hohe Selbstwirksamkeitserwartung bei gleichzeitiger Offenheit für Hilfsangebote von anderen Menschen.

### 7.3.2 *Salutogenese*

Das Konzept der Salutogenese wurde vom Medizinsoziologen Aaron Antonovsky entwickelt. Es entstand aus der Kritik am traditionellen Pathogenese-Paradigma, das der Frage nach den Ursachen einer Krankheit und Risikofaktoren den Vorrang gibt. Antonovsky geht es primär um die Frage, warum Menschen gesund bleiben, trotz belastender Umwelt und Lebensereignisse. Es geht ihm in erster Linie um die Bedingungen für Gesundheit und die Gesundheit schützenden Faktoren.

Der üblichen dichotomen Trennung in krank und gesund (wobei die beiden Zustände einander ausschließen) stellt Antonovskys Konzept der Salutogenese, ein Kontinuum mit den Polen Gesundheit (körperliches Wohlbefinden) und Krankheit (körperliches Missbefinden) gegenüber. Es ist dem Menschen nicht möglich, den Pol der absoluten Gesundheit vollständig zu erreichen, selbst ein relativ gesunder Mensch hat auch immer kranke Anteile. Anders herum betrachtet hat aber auch jeder Mensch, der noch nicht tot ist, gesunde Anteile, auf denen aufgebaut werden kann.

Göppel gibt zu bedenken, dass Antonovsky trotz seines „salutogenetischen Paradigmas" keine „Coping-Euphorie" nachgesagt werden kann, da er im Gegensatz zur pathogenetischen Ansicht, die Gesundheit als Normalzustand und Krankheit als vorübergehende Störung dieses Zustandes definiert, die Meinung vertritt, dass „Heterostase, Ungleichgewicht und Leid inhärente Bestandteile menschlicher Existenz sind, ebenso wie der Tod" (Antonovsky, zit. nach Göppel, 1997, 340). Für Antonovsky stellt sich das Leben als gefährlicher Fluss dar, der niemals friedlich ist, und „daher besteht für Antonovsky das eigentliche Geheimnis gar nicht darin, warum Menschen krank werden und sterben" (Göppel, 1997, 340), sondern darin, warum sie trotzdem gesund sind und überleben.

Jeder Mensch verfügt nach Antonovsky über *generalisierte Widerstandsressourcen*, die er einsetzt, um Stress, den er als Spannungszustand zwischen Mensch und Umwelt definiert, abzubauen. Der Mensch verfügt sowohl über individuelle (z. B. körperliche Faktoren, Intelligenz, Bewältigungsstrategien) als auch über soziale und kulturelle Faktoren (z. B. soziale Unterstützung, finanzielle Möglichkeiten, kulturelle Stabilität), die als Ressourcen seine Widerstandsfähigkeit erhöhen. Aber diese Ressourcen allein spielen nicht die vorrangige Rolle bei der Bearbeitung von Stress.

Den zentralen Punkt in Antonovskys Konzept stellt die Annahme eines *Kohärenzgefühls* (*sense of coherence*) dar. Dieser „sense of coherence" gibt den Menschen das Gefühl, dass ihre alltäglichen Lebenserfahrungen einen Sinn haben und einen Zusammenhang besitzen. Darüber hinaus bedeutet dieser Sinn des Zusammenhanges auch, dass die Herausforderungen des Lebens im weitesten Sinne vorhersehbar sind und bewältigt werden können. Das Kohärenzgefühl ist im Grunde ein dynamisches Gefühl des Vertrauens darauf, dass wir das Leben bewältigen können.

Diese vertrauende Grundhaltung der Welt gegenüber setzt sich nach Antonovsky aus drei Faktoren zusammen:

- *Gefühl der Verstehbarkeit (sense of comprehensibility)*: Damit sind die kognitiven Verarbeitungsmuster gemeint, mit deren Hilfe Menschen bekannte und unbekannte Stimuli der äußeren und inneren Umwelt als geordnete, konsistente und strukturierte Informationen verarbeiten können.

- *Gefühl der Bewältigbarkeit/der Handhabbarkeit (sense of manageability)*: Dieses Gefühl entsteht als kognitiv-emotionales Verarbeitungsmuster aus der Überzeugung eines Menschen, dass er über geeignete Ressourcen verfügt, um sich den Herausforderungen des Lebens zu stellen.

- *Gefühl von Sinnhaftigkeit/Bedeutsamkeit (sense of meaningfulness)*: Dieses Gefühl bezieht sich auf die Fähigkeit, die Anforderungen des Lebens als Herausforderungen verstehen zu können, für die sich Engagement lohnt. Diese Komponente sieht Antonovsky als den wichtigsten Aspekt des Kohärenzgefühls an, denn ohne das Gefühl von Sinnhaftigkeit neigt der Mensch dazu, das Leben als Last und jede Aufgabe, die sich ihm stellt, als Qual zu empfinden.

Ein starkes Kohärenzgefühl ist ein mentales und emotionales Konstrukt, das einem Menschen ermöglicht, flexibel auf die Anforderung seines Alltages reagieren zu können. Ist das Kohärenzgefühl stark ausgebildet, gelingt es im Idealfall sogar, die Stressoren nicht nur zu bewältigen, sondern sie sogar in Stärke umwandeln zu können. Ist das Kohärenzgefühl schwach, so fühlt sich die Person schnell hilf- und machtlos der Situation ausgeliefert.

Um Kinder aus alkoholbelasteten Familien zu unterstützen, sollten nicht nur ihre *Resilienzfaktoren* gefördert, sondern auch ihr *Kohärenzgefühl* gestärkt werden.

Für die pädagogische Umsetzung in Schulen oder Kindergruppenarbeit bedeutet das eine nicht gerade leichte Aufgabe, angesichts der teilweise tristen Ausgangslage vieler dieser Kinder. Denn wie soll man jemandem, dem es eben gerade an dem Vertrauen mangelt, dass alles einen Sinn und einen verstehbaren Zusammenhang hat, glaubhaft das Gegenteil dessen vermitteln?

Kinder *lernen* in ihrem sozialen Umfeld (in der Kindergruppenarbeit, in der Schule, in der „peer-group") *am Modell*. Sie erfahren tagtäglich auch außerhalb ihrer Familie, dass Menschen unterschiedlich die Hürden des Lebens meistern. Gerade in der pädagogischen Praxis ist es wichtig, den Kindern brauchbare Bewältigungsstrategien vorzuleben. Auch im pädagogischen Alltag ist es weniger wichtig, *was* man sagt, sondern von Bedeutung ist, was die Regeln sind, nach denen man selbst *lebt* (in Anlehnung an Arenz-Greiving, siehe Abschnitt 4.3.1). Die Kinder beobachten: Wie gehen die Gruppenleiter miteinander um, wie lösen sie anstehende Probleme? Wie geht der Lehrer an Schwierigkeiten heran, wie formuliert er Lob, wie motiviert er? Wie kommt er mit dem Scheitern zurecht? Wie gehen die Kinder miteinander um u. s. w. Mithilfe pädagogischer Unterstützungsmaßnahmen haben Kinder auch außerhalb ihrer Familie eine Fülle von Gelegenheiten, das Leben als sinnvoll, einigermaßen vorhersehbar und zu bewältigen zu erleben.

Gleichzeitig bedeutet die Teilnahme an einer Kindergruppe eine Förderung, sowohl der sozialen als auch der individuellen Ressourcen. Durch das soziale Lernen in der Gruppe werden soziale Ressourcen gefördert, durch die Aneignung und Erprobung neuer Bewältigungsstrategien werden die individuellen Ressourcen gestärkt.

Nach Antonovsky entwickelt sich das Kohärenzgefühl während der Kindheit und Jugend, kann während der Adoleszenz noch verändert werden und ist um das dreißigste Lebensjahr ausgebildet und relativ stabil.

## 8. Erlernte Hilflosigkeit – erlernter Optimismus (M. E. P Seligman)

In den 1960er-Jahren formulierte Martin E. P. Seligman anhand der Ergebnisse von Laborexperimenten vor allem mit Hunden seine „Theorie der Erlernten Hilflosigkeit". Demnach reagieren Lebewesen auf die wiederholte Erfahrung, dass sie mit ihrem Verhalten keinen Einfluss auf ihre Umweltbedingungen haben, mit Hoffnungslosigkeit. Sie geben sie nach einer Weile auf, gegen den Stress, der von der Umwelt ausgeht, anzukämpfen und verhalten sich hilflos, eine Haltung, die nach Seligman der Depression vorangeht.
„Die Erwartung, dass eine Konsequenz von den eigenen willentlichen Reaktionen unabhängig ist, senkt
a) die Motivation, diese Konsequenz kontrollieren zu wollen, interferiert
b) mit der Fähigkeit zu lernen, dass die eigenen Reaktionen die Konsequenz tatsächlich kontrollieren, und wenn die Konsequenz traumatisch ist, löst
c) diese Erwartung so lange Furcht aus, wie das Individuum sich der Unkontrollierbarkeit der Konsequenz nicht sicher ist; danach führt sie zur Depression." (Seligman, 1995, 52)

Doch nur zwei von drei Hunden in Seligmans Versuchsanordnung und zwei von drei Versuchspersonen in den nachfolgenden Versuchen von Donald Hiroto, der die Versuchsanordnung Seligmans für Menschen adaptierte, reagierten mit Hilflosigkeit. „It was a paradox, and until it was resolved, my theory could not be taken seriously." (Seligman, M. E. ,2006, 40) So begann Seligman sich auf die Suche nach den Gründen für die Unerschütterlichkeit des letzten Drittels zu machen und fand als Antwort dafür die unterschiedlichen *Interpretationen*, die Menschen sich von ihrer Situation machen: „How people explain to themselves the bad things that happen to them. People who made certain kinds of explanations, … are prey to helplessness. Teaching them to change these explanations might prove an effective way to treat their depression." (Ebd.) Nicht die Hoffnungslosigkeit der Situation an sich, sondern die jeweilige Interpretation der Situation führt demnach zur Hilflosigkeit und in weiterer Folge eventuell zur Erkrankung des Individuums. Daraus ergibt sich die Frage, wie es zu diesen unterschiedlichen Interpretationen kommt.

Sozusagen als Gegenstück der Theorie von der „Erlernten Hilflosigkeit" entwickelte Seligman das Konzept des „Erlernten Optimismus" (vgl. Göppel, 1997, 344 f.). Seligman identifiziert drei verschiedene Dimensionen, anhand denen sich Menschen ihre Umwelt und die Situation, in der sie sich befinden, erklären.

Diese Dimensionen, aus denen sich der individuelle „Explanatory Style" zusammensetzt, nennt Seligman *Beständigkeit (permanence)*, *Durchdringung (pervasiveness)* und *Personalisierung (personalization)*.

*Dimension der Beständigkeit*: Optimistische Menschen gehen bei negativen Erlebnissen davon aus, dass es sich um ein vorübergehendes Ereignis handelt, pessimistische Menschen glauben in der gleichen Situation, dass sie immer Pech haben und es niemals besser werden wird. „If you think about bad things in *always's* and *never's* and abiding traits, you have a permanent pessimistic style. If you think in *sometimes's* and *lately's*, if you use qualifiers and blame bad events on transient conditions, you have an optimistic style." (Seligman, M. E., 2006, 44) Ebenso unterschiedlich ist die Wahrnehmung positiver Ereignisse: „Optimistic people explain good events to themselves in terms of permanent causes: traits, abilities, *always's*. Pessimists name transient causes: moods, effort, *sometimes's*." (Seligman, M. E., 2006, 45)

*Dimension der Durchdringung*: Die Dimension der Beständigkeit bezieht sich auf die zeitliche Komponente; die der Durchdringung meint, wie sehr ein Ereignis Platz im gesamten Leben einer Person einnimmt. Optimisten sind nach Seligman in der Lage, negative Erlebnisse als das, was sie sind – nämlich beschränkt auf eine spezifische Situation –, zu interpretieren. Für Pessimisten weitet sich eine Niederlage aus und greift auf andere Situationen über. „People who make *universal* explanations for their failures give up on everything when a failure strikes in one area. People who make *specific* explanations may become helpless in that one part of their lives yet march stalwartly on in the others." (Seligman, M. E., 2006, 46)

*Dimension der Personalisierung*: Diese Dimension bezieht sich darauf, wen oder was ein Optimist oder Pessimist für sein Glück oder Unglück verantwortlich macht. „When bad things happen, we can blame ourselves (internalize) or we can blame other people or circumstances (externalize) (...). *The optimistic style of explaining good events is the opposite of that used for bad events: It's internal rather than external.*" (Seligman, M. E., 2006, 49 f.)

Schon bei seinen Versuchen zur erlernten Hilflosigkeit mit Hunden merkt Seligman an, dass ein Drittel der Versuchstiere nicht hilflos werden, wenn sie in Versuchsreihen unausweichliche Elektroschocks bekommen. Er erklärt sich die auftretende Resilienz allerdings mit den (ihm unbekannten) Erfahrungen der Tiere, *bevor* sie ins Labor kamen. „We even found that dogs taught this mastery (die Erfahrung zu machen, dass die eigenen Anstrengungen zum Erfolg führen) as puppies *were immunized to learned helplessness all their lives*. The implications of that, for human beings, were thrilling." (Seligmann, M. E., 2006, 28, Hervorhebung K. C.) Mir erscheint diese optimistische Annahme allerdings unrealistisch, denn sie würde bedeuten, dass resiliente Menschen immun gegen Belastungen und unverwundbar sind (einmal resilient – immer resilient), was den aktuellen Annahmen der Resilienzforschung widerspricht (vgl. Abschnitt 7).

Der persönliche „Explanatory Style" entwickelt sich in der Kindheit und wird stark vom „Explanatory Style" der primären Bezugsperson, meist die Mutter, geprägt. Seligman sieht die Ausbildung von Optimismus (den ich als gleichbedeutend mit Resilienz interpretiere, obwohl der Begriff Resilienz bei Seligman nicht vorkommt) aus einer lerntheoretischen Perspektive und deutet ihn als ausschließlich *erlernte* Eigenschaft eines Individuums. Die Theorie vom „Erlernten Optimismus" fokussiert also darauf, dass ein Individuum seinen „Explanatory Style" verändern kann, unabhängig von seinen *angeborenen* Charaktereigenschaften (vgl. Nuber, 1995, Welter-Enderlin/Hildenbrand, 2006, Wustmann 2004).

Die Einengung darauf, dass Resilienz erlernbar ist, bietet zwar eine sehr positive Sicht auf die Möglichkeit, auch in der pädagogischen Praxis Einfluss nehmen zu können, ist aber m. E. nach sehr verkürzt dargestellt, weil sie die interaktionistische Komplexität von Resilienz außer Acht lässt. Die Theorie des erlernten Optimismus geht nicht auf den Zusammenhang zwischen angeborenen Eigenschaften und äußeren schützenden Faktoren ein, z. B. die Fähigkeit des Säuglings, sich lebensnotwendige Zärtlichkeiten und Zuwendungen mithilfe seiner angeborenen Eigenschaften (siehe Abschnitt 2.4, Passung und Temperament) zu verschaffen, indem es in Interaktion mit der Bezugsperson dieser Zuwendungen entlockt, die einem anderen Kind mit anderem Temperament vorenthalten blieben.

Seligman verfolgt darüber hinaus eine interessante Annahme, wenn er meint, dass Kinder unter sieben Jahren *niemals* Selbstmord verüben, wohl aber schon mit fünf Jahren in der Lage, sind einen geplanten Mord auszuführen – Kinder wissen in diesem Alter schon über die Endgültigkeit des Todes Bescheid, sind aber vor Selbsttötung „geschützt". Seligman vermutet darin einen evolutionären Schutzmechanismus: „(…) They cannot (…) sustain a state of hopelessness for very long. Evolution, I believe, has ensured this. The child carries the seed of the future, and nature's primary interest in children is that they reach puberty safely and produce the next generation of children." (Seligmann, M. E., 2006, 126) Seligman räumt zwar ein, dass manche Kinder prädisponierter sind pessimistisch zu reagieren als andere, aber im Allgemeinen spricht er kleinen Kindern eine ungeheure Kraft zu. Diese Annahme zu verfolgen würde den Rahmen des vorliegenden Zusammenhanges sprengen, deshalb kann ich dazu auch nur kurz eigene Vermutungen äußern.

Ich schließe mich diesem „neuen Bild des Kindes" wie es auch von Ursula Nuber gezeichnet wird insofern an, als Kinder in ihren ersten Jahren psychisch störungsfrei *belastbarer* zu sein scheinen, als es von der traditionellen psychoanalytischen Theorie angenommen worden ist. Allerdings spreche ich mich deutlich gegen Aussagen über kindliche *Immunität* gegenüber Verzweiflung und Hoffnungslosigkeit aus.

Wie die Untersuchungen von René Spitz zur *anaklitischen Depression* schon in den 1940er-Jahren zeigen konnten, sind die Auswirkungen von Krisenzeiten, die *eine gewisse Zeit* andauern, auch für Kinder überwindbar. In der Zeit, während den Kleinkindern ihre Bezugsperson entzogen wird, verfällt ein Teil von ihnen in Hilflosigkeit und Depression, die Spitz anaklitische Depression nennt, die – *wenn sie nicht länger als ein halbes Jahr andauert* – heilbar ist und deren Auswirkungen rückgängig gemacht werden können. Nicht jedoch, wenn dieser klägliche Zustand länger andauert! Dann zeigen die Kinder Symptome des fortschreitenden Verfalls, die Motorik verlangsamt sich, die Kinder werden völlig passiv (genauso wie das Verhalten der hilflosen Hunde in Seligmans Versuchen). Spitz beschreibt den Zustand der Kinder folgendermaßen: „Sie lagen in ihren Bettchen auf dem Rücken. Sie erreichten nicht das Stadium motorischer Beherrschung, das notwendig ist, sich in die Bauchlage zu drehen. Der Gesichtsausdruck wurde leer und oft schwachsinnig, die Koordination der Augen ließ nach." (Spitz, zit. nach Abels/Link, 3&4, 15) Spitz bezeichnete dieses *nicht revidierbare* Phänomen als Hospitalismus. Mangelt es Kindern lange Zeit an emotionaler Zuwendung und an der Möglichkeit, auf ihre Umwelt Einfluss zu nehmen, werden sie so hilflos, dass bei ihnen „nicht einmal das Vertrauen in eine zielgerichtete Motorik entsteht." (Abels/Link, 3&4, 15) Ursprünglich ging man von der Hypothese aus, dass die allgemeine sensorische Deprivation für die Symptome der Kinder in Spitz' Untersuchung verantwortlich sei. Die Kinder verbrachten die meiste Zeit des Tages in mit Leintüchern verhängten Gitterbetten und blickten in einer Art „Einzelhaft" auf dem Rücken liegend an die Zimmerdecke (vgl. Göppel, 1997, 93). Doch Spitz machte primär den Mangel an affektiver Zuwendung für den Entwicklungszustand der Kinder verantwortlich. Er betonte, „dass jedes Interesse für sensorische Reizangebote, jede Hinwendung zur äußeren Welt, ein Mindestmaß an emotionaler Sicherheit voraussetzt" (Göppel, 1997, 93). Diese Annahme ist auch zentraler Bestandteil der Theorien von Mahler, Winnicott und Kaplan, die davon ausgehen, dass die primäre Bezugsperson dem Säugling und Kleinkind als *Übersetzer der Bedeutung der Welt* für das Kind fungiert. Eine anregende Umgebung würde für einen Säugling keine Bedeutung haben, solange ihm eine verlässliche Bezugsperson fehlt, die ihn in Zusammenhang mit dieser Welt bringt.

Seligman nennt diesen Zusammenhang ein „*Gefühl für Kontingenz*" zwischen Reaktion und Konsequenz. Er beschreibt als wesentlichen Punkt für die gesunde psychische Entwicklung die kindliche *Kontrolle* dieses Zusammenhanges. Ein Kind, das hungrig ist und weint und damit die Mutter veranlasst, ihm eine Flasche zu geben, ist ein Kind, das ein Gefühl für die Kontingenz zwischen seiner Empfindung und der Reaktion der Welt haben kann. Nach Seligman hat es damit ein Gefühl der Kontrolle. Erfolgt die Fütterung nach Zeitplan und nicht als Antwort auf den kindlichen Hunger und sein damit verbundenes Schreien, so wird der Säugling seiner Kontingenzerfahrung beraubt. Das Kind kann nicht die Erfahrung machen, dass es Kontrolle über die Umweltereignisse hat. Seligman schießt daraus: „Wenn die Mutter fehlt, dürfte ein tiefgreifendes Gefühl von Hilflosigkeit entstehen – vor allem, wenn kein Mutterersatz zur Verfügung steht, oder die Mutter passiv ist. Vermutlich würde selbst eine mechanische Mutter Hilflosigkeit verhindern helfen, wenn sie sich in den Entwicklungsreigen einfügte und das Kind Kontingenzen erfahren ließe." (Seligman, 1995, 139)

Warum auch immer Kinder bis zum Schulalter nicht oder sehr selten Selbstmord begehen, kann an dieser Stelle nicht nachgegangen werden, ich bin jedenfalls davon überzeugt, dass der Grund nicht darin liegen kann, dass sie gegen Hoffnungslosigkeit und Hilflosigkeit *immun* sind, wie das Seligman darstellt.

Die Ergebnisse von Seligmans Forschungsarbeit sind aber abgesehen davon gewinnbringend, weil sie zeigen, dass *Optimismus erlernbar* ist. Somit besteht die Chance, dass Kinder mit pädagogischer Unterstützung zu einer neuen Interpretation ihrer Situation gelangen können.

Einen großen Stellenwert nimmt in Seligmans Konzeption das Gefühl der Kontrolle über die Umwelt ein. Das was Seligman als ein „*Gefühl der Kontingenz*" – also einen

Zusammenhang zwischen Aktion und Umweltreaktion – beschreibt, ist gleichzusetzen mit dem Begriff der hohen *Selbstwirksamkeit*, was auch von der Resilienzforschung als zentraler Resilienzfaktor angesehen wird.

Die Förderung der Selbstwirksamkeit, des Selbstvertrauens, ebenso wie anderer Resilienzfaktoren stellt das Fundament für Unterstützungs- und Hilfsmaßnahmen für Kinder aus alkoholbelasteten Familien dar.
Wie diese Maßnahmen konkret aussehen können, wird im nächsten Abschnitt dargestellt.

## 9. Hilfe für Kinder aus alkoholbelasteten Familien

Die erste systematische Veröffentlichung über die Situation von Kindern aus Suchtfamilien stammt von Margaret Cork (1969) „The forgotten children", doch erst mit Beginn der 1980er-Jahre wurde man in den USA verstärkt auf die schwierige Lage dieser Kinder aufmerksam. Weitere Publikationen von Black, Wegscheider und Woititz rückten das Thema Alkohol und Familie ins öffentliche Interesse. Ende der 1980er gelangten diese Erkenntnisse durch die Übersetzungen dieser Werke (Wegscheider und Black 1988, Woititz 1990) auch nach Europa.

Auch wenn man schon vor längerer Zeit dazu übergegangen ist, in die Therapie eines Suchtpatienten seinen Lebenspartner einzubeziehen, also eine systemische Sicht auf die Suchterkrankung einnimmt, so hat man doch bis vor Kurzem scheinbar vergessen, dass Alkoholiker auch Kinder haben. Wenn aber eine Suchterkrankung eine „Beziehungsstörung" darstellt (Ehrenfried et al.), dann ist von dieser Beziehungsstörung nicht nur der Partner betroffen, sondern ebenso die Kinder und alle anderen Personen im engen Umfeld des Suchtkranken.

Es ist schwierig, Hilfsmaßnahmen an die betroffenen Kinder heranzutragen. Nur ein kleiner Teil aller Suchtkranken nimmt selbst ein Beratungs- und Betreuungsangebot in Anspruch, bei dem ihm und seiner Familie auch eine Hilfsmaßnahme für seine Kinder vorgeschlagen wird. Der Rest der Alkoholikerfamilien versucht so gut wie irgend möglich ihre Suchtproblematik vor sich und der Umgebung zu verheimlichen. In diesem Fall besteht kaum die Möglichkeit, die Kinder mit Angeboten zu erreichen. Kinder von Alkoholikern bitten nicht von sich aus um Hilfe. Einerseits, weil sie ihr Dasein und Sosein als normalen Alltag empfinden und andererseits, weil sie aus Angst die Familie zu verraten und die Schmach sichtbar zu machen, lieber leiden, als aktiv um Hilfe zu bitten. Aus dem Familienverband auszusteigen und das Tabu zu brechen widerspricht dem Muster von Suchtfamilien, das zu tun bedarf es großer Kraft und Mutes.
Erst wenn Kinder und Jugendliche auffällig werden – meist wegen Leistungsschwierigkeiten in der Schule oder sozialem Fehlverhalten, werden sie bei Erziehungs- oder Lebensberatungsstellen vorstellig und auch nur möglicherweise wird hinter diesen Auffälligkeiten eine alkoholbelastete Familienumwelt vermutet[15]. Die Suchtproblematik bleibt meistens ein Familiengeheimnis und scheint in keinem Zusammenhang mit der kindlichen Symptomatik zu stehen.

---

[15] Eine Studie von Zobel und Klein hat 1998 ergeben, dass 48 Prozent aller Antworter – das waren Ärzte, Sozialarbeiter, Sozialpädagogen, Lehrer, Psychologen und Erzieher – Kinder aus suchtbelasteten Familien nicht als solche erkennen würden.

Man meint heute, ausgehend von der angloamerikanischen Literatur zum Thema Alkohol und Familie und den Anklagen von erwachsenen Kindern von Alkoholikern, dass diese „erwachsenen Kinder" Probleme mit Partnerschaften und Beziehungen haben, da sie in ihrer Herkunftsfamilie nicht gelernt haben, wie man Beziehungen positiv leben kann. Das gilt allerdings nicht für Suchtfamilien allein, sondern wohl für alle dysfunktionalen Familien.

Eine andere Folge des Aufwachsens mit suchtkranken Eltern ist das hohe Risiko, selbst ebenfalls suchtkrank zu werden, oder eine andere Erlebens- oder Verhaltensstörung auszubilden (vgl. Abschnitt 5.2).

## 9.1 Suchtprävention

Bedingt durch die hohe Transmissionsrate von Alkoholismus sind Hilfsmaßnahmen für Kinder aus alkoholbelasteten Familien zu einem großen Teil als suchtspezifische Präventionsmaßnahmen konzeptualisiert. Wie Suchtprävention aussehen soll, hat sich in den vergangenen 30 Jahren stark verändert. Verfolgte man in den 1970er-Jahren noch eine gefahrenbetonende und informationslastige Strategie, so setzte man in den 1980er-Jahren auf einen ursachenorientierten Ansatz, bei dem riskante und suchtbegünstigende Verhaltensweisen und Einstellungen vorbeugend erkannt und durch pädagogisches Handeln verhindert werden sollten.

Heute orientiert man sich am *salutogenetischen Ansatz*, bei dem weniger auf die potenziellen Risiken fokussiert wird als auf die vorhandenen Ressourcen, die den Menschen gesund erhalten. Das bedeutet in der praktischen pädagogischen Umsetzung, die *Stärken* der Kinder zu betonen und *Resilienzen* zu fördern, damit sie ihre schwierige Situation meistern und trotz ihres problematischen Elternhauses gesund aufwachsen, ohne in ihrer Entwicklung beeinträchtigt zu werden.

Da Präventionsmaßnahmen nach heutigem Verständnis nicht mehr als „Abschreckungsmaßnahmen" auftreten, richten sie sich auch nicht mehr nur an Jugendliche, die von drohendem Suchtmittelkonsum abgehalten werden sollen. Präventionsmaßnahmen sollen zur Stärkung der Kinder, so früh wie möglich ansetzen, um eine „optimale Entwicklung wahrscheinlicher zu machen bzw. erste auftretende Störungen schnell zu behandeln. Daher bewegt sich Frühintervention für Kinder aus alkoholbelasteten Familien meist an der Grenzlinie zwischen Primär- und Sekundärprävention. Diese *Frühinterventionen* umfassen meist die ganze Familie. Dabei müssen auf der einen Seite das vorhandene Risiko und die resultierende Vulnerabilität, auf der anderen Seite die bereits vorhandenen Ressourcen genau erfasst werden, um beide Bereiche in Präventionsplanung und effektive Frühintervention einfließen zu lassen" (Klein, M., 2000, 147).

Dabei verfolgt *Primärprävention* das Ziel, Suchtkrankheiten erst gar nicht entstehen zu lassen. Diese Intervention setzt schon weit im Vorfeld einer möglichen Störung an und richtet sich an *alle* Mitglieder einer bestimmten Gruppe (z. B. alle Kinder und Jugendlichen), und nicht an eine bestimmte Risikogruppe. Primärprävention ist eine langfristig angelegte Vorbeugung, die sich mit den tiefer liegenden Ursachen von Sucht beschäftigt. „Durch spielerische Maßnahmen wird bei Kindern versucht, eine Kompetenzförderung und einen Zugang zu den eigenen Fähigkeiten und Bedürfnissen herzustellen. Ebenso werden mithilfe von Coping-Strategien Alternativen zum Suchtmittelgebrauch aufgezeigt, eine kritische Auseinandersetzung mit Suchtmitteln wird angestrebt." (Süß, 2001, 44)

Die *Sekundärprävention* setzt dort ein, wo bereits Symptome im Zusammenhang mit Sucht auftreten. Zur Zielgruppe gehören in diesem Fall Menschen, die als Risikopersonen gelten, weil sie entweder direkt von der Sucht betroffen sind – ihnen wird Hilfe bei ihren suchtmittelspezifischen Problemen angeboten – oder weil sie durch die Sucht einer Bezugsperson in den Kreis der Risikopersonen gelangen. Damit sind auch die Kinder von Alkoholikern angesprochen. Ihnen wird im Zuge der Sekundärintervention direkte Hilfe und Beratung angeboten.

Kinder alkoholabhängiger Eltern gelten als besondere Risikogruppe für eine eigene Suchtentwicklung und sollen daher möglichst früh präventive Maßnahmen und Frühintervention erfahren (vgl. Stimmer, nach Süß, 2001, 44 f.). Die suchtpräventiven Maßnahmen sollten auch Hinweise über die genetische Prädisposition zu einer eigenen Suchtentwicklung enthalten, dabei aber nicht das Gefühl der Unentrinnbarkeit des Schicksals vermitteln. Die direkte Arbeit mit Kindern Suchtkranker ist wichtig und wirksam, egal, ob die Eltern noch immer trinken oder bereits abstinent leben und Hilfsmaßnahmen in Anspruch nehmen (vgl. Klein, M. 2003).

Aufgrund der im Abschnitt 5.2.2 erläuterten Verwandtschaft zwischen Sucht und Angst, versteht sich jede Maßnahme zur Suchtprävention indirekt, vielleicht sogar unbeabsichtigt, auch als Maßnahme zur Verhinderung der Ausbildung einer Angststörung im Erwachsenenalter.

Suchtprävention für Kinder aus alkoholbelasteten Familien findet nach Klein am besten im alltäglichen Lebensraum statt, also Elternhaus, Kindergarten Schule, Peer-Gruppen und spezielle Interaktionsfelder wie Arztpraxen, Krankenhäuser, Felder der offenen Jugendarbeit.

Die direkte Hilfe für Kinder und Jugendliche kann entweder stationär oder ambulant stattfinden.

## 9.2 Anforderungen an die Arbeit mit Kindern aus alkoholbelasteten Familien

Manche Autoren (z. B. Sperlich) fordern für Kinder aus alkoholbelasteten Familien grundsätzlich eine spezielle Therapie, ein Vorgehen, dessen Erfolg von anderen (Schmidt, Ehrenfried et al., Robinson) angezweifelt wird, da es die betroffenen Kinder „allzu leichtfertig und ungeprüft an die ‚Suchtkette' legt" (Ehrenfried et al. 2001, 37). Robinson (1989) ist der Ansicht, dass Kinder in dieser speziellen Situation „keine Therapie, sondern Erziehung" brauchen. Ehrenfried et al. betonen die Gefahr einer Stigmatisierung und Pathologisierung, würden Kinder für die Erkrankung ihrer Eltern, nicht für ihre eigene Persönlichkeitsproblematik therapiert werden. Das drängt die Kinder in eine „pathologische Ecke", aus der heraus sie schwer agieren können und generiert schädigende, krank machende Faktoren, anstatt nach salutogenetischer Sicht die schützenden, gesund erhaltenden Faktoren in den Vordergrund zu rücken.

Ehrenfried et al. konzeptualisieren aus diesem Grund ihr Angebot als nicht problemorientiertes Gruppenangebot und bieten einen *sozialen Lernraum* an, in dem bedeutsame Sozialisationserfahrungen gemacht werden können. So können die Kinder altersangemessene Entwicklungsaufgaben in einem geschützten Umfeld bewältigen und werden in einem bedeutsamen Lebensabschnitt in den Punkten begleitet, wo die Familie aufgrund ihrer Erkrankung einschränkende Einflüsse ausübt. Die Arbeit mit Kindern aus alkoholbelasteten Familien versteht sich so als Stütze der Familie und nicht als „bessere" Familie. „Unterstützungs- und Hilfsangebote sind so zu gestalten, dass Kinder, die in einer Suchtfamilie leben, nicht selbst sofort als krank und behandlungsbedürftig definiert werden, denn sonst wäre der Suchtkreislauf bzw. die „Behandlungskette" schnell geschlossen. Es darf nicht sein, dass allein schon das Aufwachsen in einer bestimmten Familie eine Behandlungsbedürftigkeit begründen kann, ohne den Kindern selbst (…) die Chance für eine autonome und gesunde Persönlichkeits- und Sozialentwicklung zuzusprechen." (Mayer, 2001, 39)

## 9.3 Ausgangslage einer Arbeit mit Kindern aus alkoholbelasteten Familien

Mayer fasst die Schwierigkeiten der Kinder aus alkoholbelasteten Familien zusammen:

„Es ist zu beachten, dass

- Kinder in Familien Suchtkranker ohne konstanten und festen Orientierungsrahmen aufwachsen;
- Konsequenzen und Zuneigung für sie von einem nicht zu beeinflussenden Schicksal abhängig zu sein scheinen;
- Kinder es an Vertrauen und Geborgenheit gegenüber Erwachsenen und damit auch an Vertrauen in sich selbst mangelt;
- Ihre Beziehungen zu den Eltern eine andere Qualität hat als die von normalen Kindern, da sie in einem System von gegenseitigen Abhängigkeiten aufwachsen;
- Kinder ihre kindgemäßen Bedürfnisse oft nicht leben können oder dürfen; sie werden früh gefordert und überfordert, wenn sie Aufgaben der Eltern übernehmen müssen;
- Kinder keinen festen und verlässlichen Normenbezug aufbauen können, da es in der Familie an Kontinuität und durchschaubaren Konsequenzen mangelt.
- Kinder oft in einem Milieu der Angst und Gewalt aufwachsen, denn nur in übermäßigen Reaktionen und Aktionen vermag sich der abhängige Erwachsene zu spüren, was oft zu körperlichem, emotionalem oder sexuellem Machtmissbrauch führen kann;
- Schulschwierigkeiten und eingeschränkte soziale Kontakte oft zu beobachten sind; meist sind sie begründet in der Überforderung und in der Angst, die Familie zu verraten.
- Kinder lernen, dass die Eltern in Konflikten, Problemen und in angespannten Situationen Suchtmittel als Lösungsmöglichkeit verwenden; andere taugliche Strategien im Umgang mit Konflikten können so nicht ausgebildet und erworben werden.
- Sich die Kinder häufig mitten in Familienkonflikte und Partnerstreitigkeiten einbezogen befinden, wo dann entweder Loyalität verlangt wird oder aber sich ganz aus allem herauszuhalten; es kommt zu den typisch problematischen Triangulationsproblemen." (Mayer, 2001, 33 f.)

Auf diese Besonderheiten muss in der Arbeit mit Kindern aus alkoholbelasteten Familien eingegangen werden. Die Hilfsmaßnahmen müssen gezielt auf die in den Familien erlernten *dysfunktionalen Interaktionsmuster* und *Glaubenssätze* (vgl. Abschnitt 4.3.1, und 4.2) eingehen, die rigiden *Rollenmuster* (vgl. Abschnitt 4.3.2) hinterfragen und *Resilienz* stärken (siehe Abschnitt 7). Neue Formen der *Problembewältigung* (vgl. Abschnitt 7.3.1) sollen erarbeitet werden, *Ressourcen* (vgl. Abschnitt 7.3.2) gefördert werden.

Kinder aus alkoholbelasteten Familien brauchen vor allem Begleitung und Unterstützung auf ihrem Weg zur Individualisierung. Diese findet in Interaktion mit der Umwelt statt. Da in den alkoholbelasteten Familien dieser Weg zur Individualisierung behindert und erschwert wird, benötigen diese Kinder einen geschützten Rahmen, in dem in Interaktion mit anderen (von denen sie sich angenommen fühlen) Versäumtes nachgeholt und aktuelle Entwicklungsaufgaben bewältigt werden können.
Die Hilfsmaßnahmen sollten so beschaffen sein, dass sie den Kindern helfen, selbstbewusster, autonomer und verantwortungsbewusster sich selbst gegenüber zu sein.
Kinder aus alkoholbelasteten Familien brauchen aber auch Unterstützung, um zu lernen, dass Beziehungen anders gelebt werden können, als sie es von ihrer Familie kennen. Da eine Suchterkrankung eine „Beziehungsstörung" (Ehrenfried et al.) darstellt, muss Unterstützung für Kinder aus diesen Familien auch bedeuten, neue Interaktionsmuster zu erlernen. Der Umgang mit Konflikten, die Regulation von Nähe und Distanz, Kommunikationsmuster des Schweigens und Verleugnens, der Umgang mit Gefühlen muss überdacht, reflektiert und neue Handlungs- und Verhaltensstrategien gesucht werden.

## 9.4 Zielsetzungen der Arbeit mit Kindern aus alkoholbelasteten Familien

Das Ziel der Arbeit mit Kindern aus alkoholbelasteten Familien kann sowohl in der *Prävention* der Entwicklung einer eigenen Suchterkrankung als auch in der *Prävention* von Angst und Depression gesehen werden. Die pädagogische Arbeit mit diesen Kindern kann auch bis zu einem gewissen Grad *bereits bestehende Entwicklungsauffälligkeiten* bearbeiten. Kinder, die unter manifesten psychischen Verhaltensstörungen wie z. B. bereits bestehenden Angststörungen oder Depression leiden, benötigen kinderpsychiatrische Hilfe und Therapie.

Die präventiven Maßnahmen sind langfristig, frühzeitig und kontinuierlich angelegt. Kinder und Jugendliche sollen mit diesen Maßnahmen unterstützt werden, „damit sie anstehende Lebensanforderungen besser bewältigen können, in dem die Persönlichkeit gestärkt und die Handlungskompetenz gefördert wird" (Mayer, 2001, 43).

Um dieses Ziel zu verwirklichen, hat sich nach Mayer als Methode die soziale Gruppenarbeit mit einer Kombination aus spiel- und erlebnispädagogischen Ansätzen bewährt, „bei der alle Beteiligten die Chance erhalten, am Prozess der Gruppenarbeit teilzunehmen, zu Wort zu kommen, sich anerkannt und wichtig zu fühlen, sich mit ihrer ganzen Person einzubringen, mit allen Sinnen experimentieren zu können" (Mayer, 2001, 45).

Pädagogische Präventionsarbeit geht dabei nahtlos in die allgemeine Förderung der Persönlichkeits- und Sozialentwicklung von Kindern und Jugendlichen über.

Die Gruppe bietet den Kindern die Möglichkeit, positive soziale Erfahrungen innerhalb eines geschützten Rahmens zu machen. Es werden soziale Kompetenzen, Kreativität, Selbstvertrauen, Autonomie, Beziehungsfähigkeit und Gemeinschaftsfähigkeit ebenso wie Konflikt- und Kommunikationsfähigkeit erweitert und geübt. Es handelt sich dabei um Fähigkeiten, die im Aufwachsen mit alkoholkranken Eltern zu wenig gefördert werden. Gelingt es den Kindern und Jugendlichen, sich die oben genannten Fähigkeiten anzueignen, so sind sie gegenüber ihrer schwierigen Situation gestärkt und können ihren Familienalltag besser bewältigen.

- Da Kinder aus Suchtfamilien schon früh große Verantwortung übernehmen müssen, haben sie ein Defizit an Zuwendung, kindgerechter Bedürfnisbefriedigung und Sicherheit. In der geschützten Gruppe haben sie die Gelegenheit, Vertrauen zu fassen, Kind sein zu dürfen und eine Zeit „sozialer Nachreifung" zu genießen. Sie erfahren in der Gruppe Solidarität und Anteilnahme und können feststellen, dass sie nicht mit ihren Problemen allein sind. Das hat auch zur Folge, dass sie lernen, um Hilfe bitten zu können und Hilfe annehmen zu können. (Sich Hilfe zu holen ist resilientes Verhalten.)

- Die Kinder lernen die Regeln „Rede nicht, Fühle nicht, Traue nicht" zu hinterfragen und zu brechen.

- Die Kinder lernen ihre eingefahrenen Rollenmuster zu erkennen, zu reflektieren und abzubauen, Verantwortung an die Erwachsenen zu delegieren, Verantwortung für sich selbst zu übernehmen und sich selbst schützende Maßnahmen zu setzen. In der Gruppe können sie neues Verhalten und Handlungsstrategien erproben. Die Kinder legen ihre Opferrolle ab. (Sich nicht als Opfer sehen, ist resilientes Verhalten.)

- In der Kindergruppe kann über das Tabuthema Alkohol gesprochen werden. Es besteht die Möglichkeit für die Kinder, sich mit der Wut, der Trauer, der Scham und Hilflosigkeit, die sie empfinden, auseinanderzusetzen. Es wird offen kommuniziert, dadurch driften wahrgenommene Realität der Kinder und Lügen für die Bewahrung der Familienrealität nicht mehr auseinander und werden bearbeitbar. Wenn die eigenen Empfindungen als real wahrgenommen werden dürfen, ist der Weg zu Autonomie bereitet. (Autonomie ist ein wesentlicher Resilienzfaktor.)

- In der Gruppe lernen Kinder und Jugendliche, dass Konflikte nicht zum Beziehungsabbruch führen. Das Pendeln zwischen Nähe und Distanz ist ein normales Bedürfnis und muss nicht unterdrückt werden. Die Kinder lernen ihre Aggressionen zuzulassen und mit ihnen umzugehen.

## 9.5 Soziale Gruppenarbeit als geeignete Methode zur Unterstützung von Kindern aus alkoholbelasteten Familien

Wie müssen Hilfsmaßnahmen beschaffen sein, um betroffene Kinder zu stärken? Was müssen sie ansprechen, um heilend, helfend und die eigenen Stärken und Ressourcen fördernd zu wirken?

Allem voran muss klar sein, dass das Ziel der Arbeit mit Kindern aus alkoholbelasteten Familien sein muss, die Ressourcen und Stärken der Kinder zu fördern, denn die Helfer, Pädagogen und Therapeuten können diesen Kindern ihre schwierige Situation nicht abnehmen. Aber sie können sie unterstützen, indem sie sie stärken, um mit ihrer Situation selbst besser fertig zu werden.

Die Gruppenarbeit bietet, da es bei Kindern mit süchtigen Bezugspersonen vor allem um soziale Nachreifung und soziales Lernen geht, mehrere Vorteile gegenüber der Einzelfallhilfe. Nach Geldard (Geldard K./Geldard D. 2003, 13) lauten diese Vorteile:

- *In der Gruppe kann es leichter fallen, notwendige Veränderungen von Haltungen und Verhaltensweisen in die Wege zu leiten.* Gleichzeitig können in Gruppen neu erworbene, als positiv empfundene Handlungsstrategien wirkungsvoll stabilisiert werden. Die Kinder bestätigen einander, ob das neue Verhalten, die neue Handlungsstrategie „ganz toll" oder „ganz blöd" ist. In der Gruppe können Kinder ihre Glaubenssätze, Wertvorstellungen, Meinungen und Haltungen überprüfen. Jedes Kind hat nur eine begrenzte eigene Lebenserfahrung, die Gruppe kann eine Erweiterung dieser Erfahrung bedeuten. Erhalten die Kinder in der Gruppe z. B. die Information, dass Missbrauch nicht okay ist, dann ist das ein neuer moralischer Wert und kann zu einer neuen Haltung beim Kind führen.

- *Eine Gruppe kann die Reichweite an sozialen Erfahrungen der einzelnen Kinder vergrößern.* Die Gruppe ist ein beschützter sozialer Lernort. Sie ist zwar ein behüteter, aber kein intimer Ort, daher bietet sie Platz zum Experimentieren, ohne ausgeliefert zu sein. Anders als in der Einzelfallhilfe ist das Kind in der Gruppe ein Gleiches unter Gleichen. Die Interaktionen zwischen den Kindern können vom Gruppenleiter beobachtet werden, der daraus Informationen bezieht, die er in der Einzelfallsituation nicht bekäme. Die Kinder tun sich mit Aufforderungen zur Verhaltensänderung, die von anderen Kindern kommen, leichter, als wenn sie von einem Erwachsenen formuliert werden. Der Erwachsene wird immer als Autoritätsperson angesehen und hat daher eine andere Stellung.

- *Eine Gruppe kann ein bestimmtes Zusammengehörigkeitsgefühl (Wir-Gefühl) herstellen.* Im Sozialisationsprozess von Kindern spielt das Bedürfnis, zu Hause zu sein und dazuzugehören eine große Rolle. Gerade für Kinder, die in ihrer Familie unter schwierigen Bedingungen leiden, ist das Zugehörigkeitsgefühl zu einer Gruppe besonders wichtig. Sie fühlen sich dort integriert und gebraucht und haben das Gefühl, mit ihren Problemen nicht allein zu sein. In der Gruppe entstehende Kohäsion kann die Bildung von Werten und neuen Haltungen in der Gruppe beeinflussen und stärken. Kinder, die in der Gruppe Zusammengehörigkeit empfinden, sind ihrem belastendem Elternhaus nicht gänzlich ausgeliefert, weil sie sich davon distanzieren können. Diese Möglichkeit öffnet Wege zur gelingenden Individuation.

- *In einer Gruppe können bestimmte gemeinsame Bedürfnisse angesprochen und befriedigt werden.* Man hat in den vergangenen Jahren positive Erfahrungen mit „Blickpunkt-Gruppen" gemacht. Das sind Gruppen, die aus Kindern zusammengesetzt sind, die ein gemeinsames Thema und ein gemeinsames Ziel haben, wie z. B. die Arbeit mit Kindern aus alkoholbelasteten Familien. Da alle den gleichen familiären Hintergrund haben, haben die Kinder gemeinsame Bedürfnisse, die in der Gruppe eher befriedigt werden können.

- *Gruppenarbeit liefert möglicherweise ein angemesseneres Kosten-Nutzen-Verhältnis.*

„Die Gruppenarbeit basiert auf der Überzeugung, dass sich der Mensch durch notwendige und bedeutsame Interaktionen mit anderen Menschen beständig weiterentwickelt. Er wird durch andere geformt und formt andere." (Konopka, 2000, 65) Gruppen bieten die Möglichkeit, in einer vorbereiteten Umgebung in einem beschützten Rahmen durch und in Interaktionen zu wachsen. Gruppen bündeln Kräfte, stiften Identität und bieten Heimat (vgl. Gelard, 2003, 8).

1. „Soziale Gruppenarbeit ist eine Methode, Menschen zu helfen, indem sie ihnen bestimmte Gruppenerlebnisse ermöglicht. Entwicklung des Menschen zu seinen individuellen Möglichkeiten, Verbesserung der Beziehungen und der sozialen Funktionsfähigkeit und soziale Aktion werden als Ziele der sozialen Gruppenarbeit anerkannt. (…)
2. Soziale Gruppenarbeit ist eine allgemein gültige Methode, die innerhalb verschiedener Einrichtungen angewendet werden kann.
3. Zur Methode gehört, dass die Beziehungen zwischen Gruppenarbeiter und -mitglied, die Beziehungen zwischen Gruppenmitgliedern untereinander und das Gruppenprogramm bewusst nutzbar gemacht werden. Der Gruppenarbeiter nutzt gleichzeitig seine Beziehungen zu einzelnen Mitgliedern und zur ganzen Gruppe. Als „Befähiger" hilft er den Mitgliedern und der Gruppe, ihre Fähigkeiten und Kräfte richtig zu gebrauchen. Er setzt sich unterschiedlich ein, je nach seiner spezifischen Aufgabenstellung und seiner Beurteilung der Bedürfnisse, Interessen und Fähigkeiten der Mitglieder." (Marjorie Murphy, zit. nach Konopka, 2000, 93)

Der Gruppenprozess wird vom Gruppenleiter mithilfe verschiedener Interventionsstrategien am Laufen gehalten. Er selbst bringt sich als Berater und Unterstützer ein und initiiert Aktivitäten wie verschiedene Spiele, motorische Tätigkeiten, künstlerische und kreative Tätigkeiten und Teamarbeit in kleinen Gruppen. Während dieser Aktivitäten wiederholen sich Rollenmuster und Glaubenssätze, Meinungen, Haltungen, Gefühle und Verhaltensstereotypen, die vom Gruppenleiter beobachtet und hinterfragt werden. Im Reflexionsprozess haben die Gruppenmitglieder die Möglichkeit, ihr Verhalten und Haltungen zu erkennen und gegebenenfalls zu verändern. In all diesen genannten Aktivitäten machen die Gruppenmitglieder *Erfahrungen* – das wichtigste Ergebnis der Gruppenarbeit, denn aus diesen Erfahrungen lernen sie.

In der Gruppe muss es Regeln geben, auf deren Einhaltung sich alle verlassen können, die Regeln bieten den Kindern verlässliche Strukturen, die sie von zu Hause nicht kennen. Es empfiehlt sich in Kindergruppen, dass die Regeln nicht vom Leiter vorgegeben werden, sondern mit den Kindern zusammen ausgearbeitet werden, so fühlen sich alle aktiv an die Regeln gebunden. Positives Verhalten soll verstärkt und belohnt werden, wo immer es geht. Ein Verstoß gegen die Regeln kann mit einem zeitlich begrenzten Ausschluss aus der Gruppe sanktioniert werden. Doch die Motivation über positive Verhaltensverstärker soll deutlich im Vordergrund stehen.

Eine wesentliche Aufgabe in der Kindergruppenarbeit ist das Erlernen *selbstschützender Verhaltensweisen*. Die Kinder sollen lernen, sich vor physischen und psychischen Verletzungen zu schützen und Grenzen für ihr eigenes Risikoverhalten zu ziehen (vgl. Geldard, 2003). Mithilfe verschiedener Spiele können die Kinder ihr Verhalten in riskanten Situationen für den Ernstfall proben. Sie erlernen dabei, dass sie für sich selbst Verantwortung übernehmen (gleichzeitig, dass sie nicht für das Verhalten der alkoholkranken Eltern verantwortlich sind), und gewinnen damit Selbstvertrauen und erlangen ein Gefühl der Kontrolle über ihr Handeln.

## 10. Umsetzung der genannten Zielsetzungen in die pädagogische Praxis

Im Folgenden werden zwei Modellprojekte beschrieben, die Gruppenarbeit mit Kindern aus alkoholbelasteten Familien zum Inhalt haben. Das erste Projekt stammt aus Deutschland, das zweite aus den USA.

## 10.1 „Arbeiten mit Kindern und Jugendlichen aus Familien Suchtkranker" (Balingen)

Dieses Angebot für Kinder und Jugendliche aus suchtbelasteten Familien wird seit 1990 durch den Freundeskreis für Suchtkrankenhilfe Zollernalb e. V. (Deutschland) in Kooperation mit der freien heilpädagogisch-psychologischen Praxis von Ehrenfried/Heinzelmann/Kähni/Mayer durchgeführt. Das Angebot richtet sich an Kinder und Jugendliche mit suchtbelastetem Familienhintergrund, d. h. es richtet sich an Kinder, deren Eltern aktuell von Alkohol, illegalen Drogen oder Medikamenten abhängig sind oder bereits abstinent leben.

Der Zugang zur Gruppe erfolgt durch den Kontakt zu Selbsthilfegruppen des Freundeskreises für Suchtkrankenhilfe, über die Beratungs- und Behandlungsstelle für Suchtkranke, Erziehungs- und Lebensberatungsstellen, dem allgemeinen sozialen Dienst des Jugendamtes, über Kinder- und Hausärzte und über andere Institutionen, die mit Kindern und Jugendlichen aus Problemfamilien befasst sind.

Die Aufnahme der Kinder erfolgt primär aus Sorge eines oder beider Elternteile, da sie eine Störung in der Persönlichkeits- und Sozialentwicklung der Kinder befürchten. Die Kinder zeigen meist Auffälligkeiten im schulischen Leistungsverhalten und im Kontaktverhalten mit Gleichaltrigen, was sich durch ausgeprägte Unsicherheit, Schüchternheit oder auch Aggression zeigt. In die Gruppe aufgenommen werden nur

Kinder, die gruppenfähig sind und keine eigene Problematik aufweisen. Kinder, deren Verhaltenstörung eine Integration in die Gruppe unmöglich macht, werden an geeignete therapeutische Einzelbehandlungsangebote weiter verwiesen.

Die konzeptionelle Gestaltung der pädagogisch-präventiven Gruppenarbeit basiert auf dem Hintergrund eines systemisch-ressourcenorientierten Ansatzes, der den Kinder und Jugendlichen positive soziale Erfahrungen in der Gruppe ermöglicht. In diesem Schutzraum der Gruppe können die Kinder ihre sozialen Kompetenzen fördern und haben die Gelegenheit für soziale Nachreifung und Persönlichkeitsentwicklung. Das Gruppenangebot ist nicht problemorientiert konzipiert, sondern bietet einen sozialen Lernraum an, „in dem bedeutsame Sozialisationserfahrungen gemacht werden können und die jeweiligen altersangemessenen Entwicklungsaufgaben in ihrer Bewältigung begleitet und unterstützt werden können" (Mayer, 2001, 39).

Die Kinder werden ab einem Alter von sieben Jahren in die Gruppe aufgenommen. Eine Gruppe besteht aus maximal acht Kindern bzw. Jugendlichen, als optimal hat sich eine Gruppengröße von sechs Kindern erwiesen. Die Gruppe trifft sich einmal wöchentlich für zwei Stunden. Die Gesamtdauer der Gruppe ist auf eineinhalb Jahre festgelegt. Abgesehen von den wöchentlichen Treffen stehen besondere Unternehmungen wie Tagesausflüge und externe Treffen, sowie ein Familienwochenende gegen Ende der Gesamtgruppendauer auf dem Programm. Mit den Eltern bzw. Bezugsbetreuern der Kinder werden regelmäßige Gespräche alle drei Monate und nach Bedarf gesucht.

Die Mitglieder der Gruppen sind aus sehr unterschiedlichen Verhältnissen, es gibt Kinder, die mit ihren Eltern leben, und Kinder, die im Heim leben. Manche Eltern sind aktuell süchtig, andere haben schon eine Entzugstherapie hinter sich.

Das Mitarbeiterteam ist multidisziplinär zusammengesetzt und besteht aus einer Erzieherin, einer Heilpädagogin, einem Heilpädagogen und einem Diplompsychologen mit familientherapeutischer Zusatzausbildung.
Jede Gruppe wird von einem Gruppenleiterpaar geleitet, was den Kindern die Möglichkeit gibt, sie als „Modellgruppenelternpaar" zu erleben. So haben die Kinder die Möglichkeit, Übertragungsbeziehungen zu „Vater" und „Mutter" herzustellen und ihre Wut und Enttäuschung in der Projektion auf das Leiterteam bewusst zu erleben, aber sie haben auch die Chance am Modell der Gruppenleiter zu lernen, dass ein „Elternpaar" Konflikte konstruktiv lösen, Wünsche äußern und durchsetzen kann.

Vor der Aufnahme in die Gruppe wird ein Familiengespräch durchgeführt, in dem die Motivation des Klienten (die Freiwilligkeit und Verbindlichkeit) abgeklärt wird. Mit zumindest einer Bezugsperson muss eindeutig abgeklärt sein, dass das Kind die Gruppe besuchen darf und über die Geschehnisse in der Familie sprechen darf. Diese Gesprächserlaubnis ist bei Kindern immens wichtig, weil sie andernfalls in einen Loyalitätskonflikt geraten, der dem Entwicklungserfolg entgegenwirkt. Bei Jugendlichen, die sich bereits in Ablösung vom Elternhaus befinden, ist die Einwilligung der Eltern – nach Ansicht von Ehrenfried et al. – nicht mehr derart wesentlich. Die Gruppe bietet verbindliche Strukturen und fordert deren Einhaltung. Auch das muss von Eltern und Kindern akzeptiert werden. Die Gruppenleiter fordern, dass verbindliche Absprachen und Zeitvorgaben eingehalten werden, dass die Kinder bei Nichterscheinen telefonisch entschuldigt werden und dass die Gruppenregeln eingehalten werden.

### 10.1.1 *Arbeit mit den Bezugspersonen* (nach Kähni)

Große Bedeutung kommt in diesem Modellprojekt der Arbeit mit den Bezugspersonen zu. Die Haltung und das Verhalten im konkreten Kontakt mit den Bezugspersonen basiert in der Arbeit von Ehrenfried et al. auf verschiedenen Denkmodellen. In ihrer Konzeption gehen sie ausführlich auf die unterschiedlichen, sich ergänzenden Modelle ein. Die klientenzentrierte Perspektive, die verhaltenstherapeutische Perspektive, die systemorientierte und entwicklungspsychologische Perspektive stellen sie als zentrale Themen bei der Arbeit mit den Bezugspersonen vor.

Die Gruppenleiter halten zwar engen Kontakt zu den Eltern und Bezugspersonen und geben bei den Elterngesprächen Einblick in die Arbeit der Gruppe, aber sie setzen auch Grenzen, um die Vertrautheit der Gruppe zu wahren. Für die Kinder ist die Erfahrung wichtig, vertrauen zu können und zu wissen, dass ihre Geheimnisse nicht an die Eltern weitererzählt werden. Die Eltern sollen auf der anderen Seite nie das Gefühl haben, ausgeschlossen zu sein, sie haben den berechtigten Wunsch, über die Entwicklung ihres Kindes informiert zu werden. Es ist wichtig „den Eltern Achtung und Anerkennung entgegenzubringen für das, was sie, trotz erschwerter Bedingungen, für ihre Kinder geleistet haben" (Ehrenfried, 2001, 103). Den Gruppenleitern kommt die schwierige Rolle zu, nicht als bessere Bezugspersonen zu erscheinen, es muss immer klar sein, dass die Eltern als die erwachsenen Mitglieder der Familie die Verantwortungsträger für die Kinder sind.

Das brisante Thema *Verantwortung* in Suchtfamilien ist ebenfalls ein wesentlicher Punkt in der Arbeit mit Bezugspersonen. Die Gruppenleiter übernehmen nicht unaufgefordert und unreflektiert die Verantwortung für das Verhalten eines anderen. (Z. B.: Wer übernimmt die Kosten für die Jugendherberge, wenn die Familie trotz Zusage nicht kommt; oder: Wie lange warten alle auf eine Familie, die nicht kommt?) Damit demonstrieren die Gruppenleiter sowohl den Eltern als auch den Kindern suchtprophylaktisches Verhalten: jeder ist unabhängig und eigenständig in seiner Entscheidung.

Ebenso wird von den Gruppenleitern daran gearbeitet, sich in die *Konfliktstrategien* der Eltern nicht verwickeln zu lassen. Die Gruppenleiter werden ähnlich wie die Kinder als Koalitionspartner der Eltern geworben. Wenn es an den Familienwochenenden zu einem Streit der Ehepartner kommt, halten sich die Gruppenleiter heraus, weil eine moralisierende Einmischung den Kindern das Gefühl gebe würde, dass die Gruppenleiter die „besseren" Eltern darstellen. Die Familienhierarchie wäre ein weiteres Mal verdreht, die „echten" Eltern würden inkompetent wirken. Ziel allerdings soll sein, dass die Eltern eine andere Art der Konfliktlösung finden, daher scheint es gewinnbringender, in einem Einzelgespräch ohne Kinder über den Vorfall zu sprechen.

Suchtfamilien sind von *Grenzverwischungen* und -überschreitungen gekennzeichnet. Die Gruppenleiter stehen immer wieder vor der Aufgabe, auch ihre eigenen Grenzen zu bewahren, da die Eltern immer wieder versuchen, auch diese Grenzen aufzuweichen.

Da viele alkoholkranke Bezugspersonen unter *Schuldgefühlen* gegenüber ihren Kindern leiden, kommt den Gruppenleitern auch die Aufgabe zu, die Elternschaft sozusagen zu rehabilitieren. Eltern können sich nur kompetent verantwortlich ihren Kindern gegenüber verhalten, wenn sie sich von ihren Schuldgefühlen und Selbstvorwürfen lossagen. Die Gruppenleiter versuchen die Eltern zu unterstützen, die Schuld hinter sich zu lassen und Verantwortung zu zeigen.

### 10.1.2 *Arbeit mit den Kindern* (nach Heinzelmann)

Als vorrangige Ziele der Gruppenarbeit werden von Heinzelmann (vgl. Heinzelmann, 2001, 65) genannt:

- Die Kinder sollen dafür gewonnen werden, dass die Gruppe einen verbindlichen Platz in ihrem, zum Teil von Terminen für Familie, Schule und Freizeit dicht gedrängten Wochenplan einnimmt.
- Die Kinder dürfen innerhalb der Gruppe die Erfahrung machen, dass das Leitungsteam gemeinsam die Verantwortung für alles trägt, was innerhalb der Gruppenzeit geschieht. Das bedeutet, dass sich die Kinder in einem vorgegebenen und für sie überschaubaren Rahmen bewegen, der ihnen größtmöglichen Schutz und Sicherheit gewährt und ihre Integrität bewahrt.
- Die Kinder haben die Möglichkeit, durch die individuelle Unterstützung der Gruppenleiter ihren individuellen Platz im Gruppengeschehen zu finden. Einen Platz, der ihre Schwächen und Stärken berücksichtigt, und von dem aus sie Anstöße für ihre Persönlichkeitsentwicklung ableiten können.

Die *verbindlichen Strukturen* der Kindergruppe bieten den Kindern Sicherheit, etwas worauf sie sich verlassen können. Eine Erfahrung, die den meisten Kindern aus alkoholbelasteten Familien neu ist. Sie treffen in der Gruppe auf klare Regeln und Abmachungen – auch die *Verantwortungsaufteilung* ist klar: Die Erwachsenen sind für die Sicherheit und den Schutz der Kinder verantwortlich, nicht umgekehrt. Die Gruppe ist ein Ort, an dem die Kinder Kind sein können und dürfen, an dem sie keine überfordernde Verantwortung übernehmen müssen.

Ein Fixpunkt der Gruppenarbeit sind die *Gesprächsrunden* (Befindlichkeitsrunden), in denen sich die Kinder über ihre aktuellen Probleme, Erfahrungen, Gefühle und Meinungen austauschen. Dabei steht die Suchtproblematik des Elternhauses nicht zwingend im Vordergrund, auch wenn das Thema immer wieder zur Sprache kommt und so mit der Zeit enttabuisiert wird.

Mithilfe verschiedener *Interaktions- und Rollenspiele* erweitern die Kinder ihre sozialen Kompetenzen, werden sich über ihre Empfindungen klar, erproben neue Verhaltensweisen und stärken ihre Persönlichkeit. Das Ziel von Kissenschlachten, Übungen zum Kräftemessen und Konfliktübungen ist der „offene und für andere einschätzbare Ausdruck eigener Gefühle unter dem Aspekt der Selbstkontrolle, Körperbeherrschung und der Achtung vor dem anderen" (Heinzelmann, 2001, 74). Das Leiterteam nimmt an *Aggressionsspielen* teil, damit die Kinder an ihrem Modell lernen können, dass Konflikte nicht zum Beziehungsabbruch führen müssen und wie man befriedigende Möglichkeiten der Auseinandersetzung finden kann. In den Spielen dürfen die Kinder in einem geschützten Rahmen ihre Aggressionen auch gegenüber Erwachsenen Ausdruck verleihen, das Leiterteam fungiert hier als Übertragungspaar stellvertretend für die Eltern. Die Kinder machen so die Erfahrungen, dass ihre Aggressionen den Erwachsenen zumutbar sind, lernen auf ihre Empfindungen zu hören und werden unabhängiger von den Erwartungen ihrer Eltern an sie. Auch bei den Aggressionsspielen achten die Gruppenleiter auf Gefahrenquellen und passen auf, dass sich niemand verletzen kann. Durch diese spürbare und sichtbare Verantwortungsübernahme sind diejenigen Kinder in der Gruppe entlastet, die in den Familien traditionell die Rolle des Familienhelden übernehmen. Auch sie haben die Gelegenheit mitzuspielen, Blödsinn zu machen, Kind sein zu dürfen.

Ein weiterer Schwerpunkt der Arbeit mit Kindern in der Gruppe liegt im Bereich der *Körperwahrnehmung, Entspannung* und *Koordination*. Dabei versuchen die Kinder, ihren persönlichen Weg zur Entspannung zu finden. Für sehr kontrollierte Kinder ist es schwer, sich auf passive Entspannungsübungen einzulassen, die Augen zu schließen, sich fallen zu lassen. Für diese Kinder sind aktive Entspannungsübungen, die mit Bewegung und Körperwahrnehmung verbunden sind, geeigneter. Heinzelmann stellt fest, dass Kinder aus Suchtfamilien ihren Körper geringer achten und ein geringes Bewusstsein für ihre Bewegungsdimensionen haben. Sie schlägt daher Körperübungen vor, bei denen sich die Kinder mit einzelnen Körperbereichen (sie beschreibt die intensive Beschäftigung mit den Füßen und den Händen sowohl im konkret-körperlichen als auch kommunikativen Bereich) intensiv beschäftigen.

Aber auch freies Spiel und kreatives Arbeiten mit verschiedenen Materialien, z. B. Ton, Farbe usw. sind ein wichtiger Bestandteil des Gruppenprogramms.

### 10.1.3 *Arbeit mit den Jugendlichen* (nach Ehrenfried)

„Arbeitet man mit Jugendlichen, heißt dies immer ein Miteintauchen in die Höhen und Tiefen des pubertären Daseins der Jugendlichen." (Ehrenfried, 2001, 93) Das ist bei den Jugendlichen mit suchtbelastetem Elternhaus nicht anders. Jugendliche sind nicht von vornherein bereit, Hilfe und Unterstützung von Erwachsenen anzunehmen. Die Aufgabe der Erwachsenen ist es eher, ihnen eine Atmosphäre zu schaffen, in der sie sich wohl fühlen und in der sie mit Gleichaltrigen reden können.

Jugendliche brauchen stabile Erwachsene, von denen sie sich loslösen können. Sie müssen sich von den Begleitern ihrer Kindheit lossagen, um sich neu definieren zu können (vgl. Eriksons Stufenmodell).
Für Jugendliche aus Suchtfamilien ist das „Losstreiten" von den Eltern mit großen Risiken verbunden:

- Die Familie ist nicht stabil genug, der Jugendliche hat nicht das Gefühl, dass er sich auf seine Bezugspersonen verlassen kann, die Folgen des „Losstreitens" sind für den Jugendlichen nicht abschätzbar.
- Der Jugendliche fühlt sich zerrissen zwischen seinem entwicklungsbedingten Wunsch, sich abzulösen und gegen seine Eltern zu rebellieren, und dem Gefühl der Loyalität. Durch die Familienregeln, Rollen und Glaubenshaltungen, die

schon weiter oben genau dargestellt wurden, fühlt sich der Jugendliche für das Wohl der Familie verantwortlich und empfindet es als Verrat, sie zu verlassen.

Oft drückt sich diese Zerrissenheit dann außerhalb der Familie in massiven Reaktionen z. B. gegenüber dem Lehrer oder anderen Autoritätspersonen aus.

Jugendliche tragen diese Zerrissenheit zwischen Loyalität zum suchtkranken Elternteil und der Möglichkeit, sich endlich alles von der Seele reden zu können, auch in die Gruppe hinein.
Ein zentrales Thema ist für Jugendliche ihre Angst, auch süchtig zu werden. Teilweise besteht eine völlig unrealistische Vorstellung darüber, wie es dazu kommt, süchtig zu werden. Viele befürchten, dass ihnen jemand etwas ins Glas kippt oder eine Spritze in den Arm drückt. Sie fürchten, dass sie süchtig gemacht werden, ohne sich dagegen wehren zu können. Ein Ziel der Gruppenarbeit ist es, ein realistisches Bild von Sucht zu erlangen.

Wie bei der Arbeit mit Kindern liegt der Schwerpunkt der Gruppenarbeit nicht auf der Problemorientierung. Auch bei Jugendlichen sollen die persönlichen Stärken und Fähigkeiten herausgefunden und nutzbar gemacht werden.

Die Jugendlichen suchen in den erwachsenen Gruppenleitern immer wieder Projektionsflächen, um Konflikte auszutragen, die sie mit den Eltern nicht austragen können. Das ist bis zu einem gewissen Grad auch wichtig und soll ermöglicht werden, doch gibt Ehrenfried zu bedenken, dass die Gruppenleiter nicht als die „besseren und kommunikativeren Eltern" erscheinen wollen, das würde die Loyalitätskonflikte der Jugendlichen nur noch mehr verstärken.
Anders als bei der Arbeit mit Kindern hat sich die Elternarbeit mit Jugendlichen nicht bewährt, die vierteljährlichen Elternabende werden von den Eltern Jugendlicher nur spärlich genutzt.

### 10.1.4 *Zusammenfassung und Schlussfolgerung*

Will man Kindern aus Suchtfamilien helfen und sie unterstützen, steht man vor einem komplexen Problem: Angst, Schuld und Scham binden die Familie fest aneinander und isolieren sie von der Außenwelt. Die ganze Familie leugnet die Sucht eines Familienmitgliedes bis zur Erschöpfung oder bis ein Mitglied durch auffälliges Verhalten der Umwelt zeigt, dass etwas in der Familie nicht stimmt. Auch wenn Kinder z. B. in der Schule durch ihr Verhalten auffallen und der Verdacht auf eine Suchtbelastung in der Familie besteht, ist der Zugang zu diesen Kindern von der Zustimmung des Suchtkranken und des anderen Elternteils abhängig. Die Kinder von Suchtkranken selbst begeben sich in Isolation und bitten generell nicht von sich aus um Hilfe. D. h. selbst wenn von außen besehen klar ist, dass ein Kind Hilfe und Unterstützung braucht, fehlen meist Möglichkeiten und Wege, die Schweigemauer zu durchbrechen. Daher handelt es sich im Vergleich zur Gesamtzahl der Betroffenen um eine sehr geringe Zahl von Kindern, deren Eltern zulassen, dass ihre Kinder an einer Gruppe teilnehmen. Dieser Schritt nach draußen bedeutet für die Familiendynamik ein Durchbrechen der Problemspirale und kann für das kranke Familiensystem heilsam sein. Jedenfalls bedeutet es für denjenigen, der den ersten Schritt wagt, eine immense Belastung, weil er von der restlichen Familie zuerst einmal in die alten Muster zurückgedrängt wird, um das Gleichgewicht innerhalb der Familie wiederherzustellen. Diese Belastung ist von einem Kind, das emotional bis zu seinem 12. Lebensjahr noch sehr von seinen Bezugspersonen abhängig ist, nicht allein zu bewältigen. Hilfe für Kinder aus Suchtfamilien anzubieten birgt daher die Schwierigkeit, die Kinder bei ihrem Schritt hinaus aus dem krank machenden Familiensystem, aber nicht aus der Familie zu unterstützen. Ein Paradoxon?

In ihrer Konzeption zur Arbeit mit Kindern und Jugendlichen aus Familien Suchtkranker, wie sie von Ehrenfried et al. beschrieben wird, begegnen sie der Schwierigkeit, an die betroffenen Kindern überhaupt heranzukommen, mit dem Lösungsvorschlag, die Eltern und Bezugspersonen stark in ihre Arbeit einzubinden. Es soll aufgezeigt werden, „wie mit den Kindern und ihren Familien so gearbeitet werden kann, dass eine ins Stocken geratene Persönlichkeits- und Sozialentwicklung wieder angeregt werden kann und ‚kindgemäße' Kinder sowie ‚erwachsene Erwachsene' entstehen können" (Mayer, 2001, 5). Mehrmals wird betont, dass die Kompetenzen der Eltern gefördert und die Elternschaft rehabilitiert werden muss, damit die Homöostase in der Familie wieder hergestellt werden kann. „Zu beachten bleibt dabei jedoch, dass es nicht darum geht, die Bemühungen der Eltern in ihrer familiären Erziehung abzuwerten bzw. sie gar in ihrer Aufgabenbewältigung als ungeeignet auszugrenzen, sondern mit den Eltern gemeinsam nach anderen Möglichkeiten zu schauen und die eigenen eingeschränkten Möglichkeiten zu erweitern." (Mayer, 2001, 40) Die Arbeit mit und an den Stärken und Ressourcen bezieht sich nicht nur auf die Kinder, sondern auf die ganze Familie. Werden die Fähigkeiten und Ressourcen einer Familie beleuchtet, so bekommen alle Familienmitglieder einen positiveren Stellenwert. „D. h. es geht nicht mehr um die Verurteilung des abhängigen Elternteils bzw. den bösen Eltern, die ihren Kindern ein solch unendliches Leid zumuten, genauso wenig wie es nur um die bedauernswerten, geplagten und vergessenen Kinder geht. Ziel ist es vielmehr, auch in diesen Familien gleichwertige Partner zu sehen, die bisher Immenses für ihren Familienerhalt geleistet haben und die nun freiwillig nach geeigneten Hilfsmöglichkeiten suchen." (Mayer, 2001, 154)

Ich denke, dass die Konzeption von Ehrenfried et al. für *diesem schmalen Sektor*, der sich ergibt aus der Anzahl der Kinder, deren Eltern freiwillig Unterstützung suchen, *sehr Erfolg versprechend* ist. Die Kinder erfahren in der Gruppe eine Förderung ihrer protektiven Faktoren wie Selbstwert, Selbstachtung, Eigenaktivität, Sinnerfüllung, Konfliktfähigkeit, Entscheidungsfähigkeit, Handlungskompetenz und ein realistisches Selbstbild, ohne dabei in einen Loyalitätskonflikt in Bezug auf ihre Eltern zu geraten. Sie erfahren im Idealfall von zumindest einem Elternteil Unterstützung und erhalten Rückendeckung. Da die Eltern in das Programm eingebunden sind, erhalten auch sie Beratung dahingehend, welche Hilfsmaßnahmen (Suchtberatung, Eheberatung, etc.) für ihre Probleme geeignet wären.

## 10.2 „Working with Children of Alcoholics" (USA)

In der Konzeption von Robinson (USA) steht das Vorhaben, Kinder aus alkoholbelasteten Familien zu stärken, eindeutig vor der systemischen Erfassung und Stärkung der gesamten Familie im Vordergrund. Auch wenn er davor warnt, sich als

Berater mit den Kindern gegen den suchtkranken Elternteil zu verbünden, so liegt Robinsons Schwerpunkt doch eindeutig darauf, die Kinder zu fördern ungeachtet dessen, ob die Eltern therapeutische Fortschritte machen.

Robinson verweist in seiner Arbeit auf das Rollenmodell von Wegscheider und gibt praktische Hilfestellung für Pädagogen, die Kinder bei der Überwindung der Rollenfixierung unterstützen wollen. Die Rollen als Überlebensstrategien bieten nach Robinson zwar den Kindern einen gewissen Schutz und Erleichterung in ihrer schwierigen Situation, aber „there comes a point, usually in adulthood, when these roles become obsolete" (Robinson, 1989, 20). Dann schützen und helfen sie den Personen, die sie bekleiden nicht mehr, sondern im Gegenteil, sie behindern sie und arbeiten gegen die Rollenträger. Die beste Zeit, um gegen die Ausbildung einer rigiden Rolle anzukämpfen, ist nach Robinson die frühe Kindheit (wie Klein meint auch er: „je früher, desto besser") – „before the behavior patterns become overly rigid" (Robinson, 1989, 21).
Robinson stellt die Gefühle der Kinder in alkoholbelasteten Familien ausführlich dar: Wut, Furcht und Angst, Schuld, Traurigkeit und Depression, Verwirrung, Isolation und Peinlichkeit und Kummer begleiten diese Kinder und sollten in der Arbeit mit ihnen zur Sprache gebracht und bearbeitet werden, da sie von den Kindern unterdrückt und verleugnet werden.

Robinson vertritt die Ansicht, dass schon *eine einzige* verlässliche Beziehung zu einem signifikanten Erwachsenen die Entwicklung eines Kindes zum Positiven verändern kann. Egal, ob es sich um einen Verwandten, einen Lehrer, einen Berater handelt, der dem Kind verlässliche Aufmerksamkeit schenkt, diese *eine* Beziehung kann für das Leben eines Kindes aus einer alkoholbelasteten Familie entscheidend sein. Es wird darauf hingewiesen, dass in der praktischen Arbeit mit Kindern aus alkoholbelasteten Familien zwar der Berater oder Gruppenleiter den Kindern das Gefühl geben sollen, etwas Einzigartiges zu sein, sie sollen sich geliebt und angenommen fühlen, aber es wird vor Überfürsorglichkeit („overprotecting") gewarnt. Man darf nie vergessen, dass die Kinder und Jugendlichen, um die es geht, mit ihren Eltern und ihrer Situation selbst klar kommen müssen. „Avoid being a mother or a father, you cannot replace the alcoholic parent and should not try to do so. Allowing too much dependence on you would be a disservice, because this child must continue to deal with the alcoholism long after leaving your services." (Robinson, 1989, 41)

Es ist die Aufgabe von Unterstützungsprogrammen, die Kinder zu stärken, sie zu lehren, dass sie die Erkrankung ihrer Eltern nicht verursacht haben, nicht verändern können und nicht kontrollieren können. (Die drei C: They did not **c**ause, cannot **c**ontrol, and cannot **c**ure the disease.) Die Kinder sollen die Fähigkeit erlangen, sich zu entscheiden, im Klassenzimmer, in der Freizeit, in der Gruppenarbeit, um diese Fähigkeit schließlich in ihr Leben mit den alkoholkranken Eltern zu übertragen.

Da für Robinson das Erkennen von COAs (Children of alcoholic parents) eine Voraussetzung ist, um Hilfsmaßnahmen einleiten zu können, kommt in seiner Konzeption der *Diagnostik* ein hoher Stellenwert zu. Er beschreibt ausführlich diagnostische Kriterien und Testverfahren (The Children of Alcoholics Screening Test, Screening Interview for indentifying Teenagers with Problem-Drinking Parents) für Vorschulkinder, Schulkinder und Jugendliche (vgl. Robinson, 1989, 88, 112 ff.).

Einer Hilfs- und Unterstützungsmaßnahme geht nach dieser Konzeption meist ein standardisierter Test in der Schule voraus, nicht die Sorge der Eltern, oder die Inanspruchnahme von Beratung der Eltern wegen ihrer eigenen Suchterkrankung.

„Identification breaks the denial system frequently operating in schools and opens the door for a multitude of services to children. It allows classroom teachers to match their expectations, goals and interpersonal behaviours with knowledge of the alcoholic environment in which certain kids live. It also enables practitioners to establish support systems for COAs outside the classroom. Practitioners can refer COAs for such services as individual counselling, and they can create special COA groups that convene regularly in the school." (Robinson, 1989, 104)

Robinson spricht sich einerseits für die Unterstützung durch die Lehrer für diese Kinder aus, als auch für die spezifische Arbeit in Gruppen innerhalb der Schule als fixer Bestandteil des Stundenplans (wöchentliche Treffen als Teil des Stundenplans). In seiner Konzeption wendet er sich immer wieder explizit an die Lehrer im regulären Schulunterricht. „Teachers and other school personnel are already in key positions to identify and help children of alcoholics." (Robinson, 1989, 127) Es ist besonders wichtig, dass Lehrer unterstützend auf die COAs eingehen, da sie die alltäglichen Vertrauten (relationship of security and trust) der Kinder sind und durch die Unterstützung innerhalb ihrer „peer group" nicht das Gefühl von Stigmatisierung und Pathologisierung bekommen. „One message COAs need is that while they are special, *as are all children*, they are not that different from other kids." (Robinson, 1989, 111, Hervorhebung K. C.)

Sollen in standardisierten Tests identifizierte COAs für die Teilnahme an Gruppenarbeit gewonnen werden, verweist Robinson auf die unterschiedlichen Gesetzeslagen in verschiedenen Staaten. Ist es in manchen Staaten legal, wenn die Kinder ohne Zustimmung der Eltern an speziellen Gruppen teilnehmen, so braucht der Betreuer in anderen Staaten die Einwilligung der Eltern.

Kernaussage von Robinsons Konzept für seine Arbeit mit Kindern aus alkoholbelasteten Familien ist: „Children must have a distinct and separate treatment program of their own regardless of whether the parent is recovering from alcoholism. (…) Most children of alcoholics, (...) do not need intensive therapy. They need education, the most powerful weapon against alcoholism." (Robinson, 1989, 126) Robinson erstellt ein Zehnpunkteprogramm, das die wichtigsten Aussagen enthält, die Kinder in Unterstützungsgruppen erfahren sollen:

- Alkoholismus ist eine Krankheit.
- Jeder in der Familie wird davon verletzt, auch die Kinder.
- Kinder, deren Eltern trinken, sind nicht allein.
- Kinder haben den Alkoholismus der Eltern nicht verursacht, können ihn nicht kontrollieren und nicht heilen.
- Es gibt eine Menge guter Wege, die Kinder einschlagen können, um sich selbst zu schützen und sich besser zu fühlen, wenn ihre Eltern trinken.
- Es ist heilsam für Kinder, ihre Gefühle, welche die Sucht der Eltern betreffen, zu erkennen und ihnen Ausdruck zu verleihen.
- Es ist in Ordnung, über das Trinken der Eltern mit Freunden oder in der Gruppe zu sprechen.

- Kinder von Alkoholikern haben ein erhöhtes Risiko, selbst suchtkrank zu werden.
- Es ist für Kinder aus Suchtfamilien wichtig, Hilfs- und Unterstützungsmaßnahmen außerhalb der Familie zu finden und in Anspruch zu nehmen.
- Es gibt viele Wege, um Probleme zu lösen und mit dem Alkoholismus der Eltern umzugehen.

(Vgl. Robinson 1989, 129, Übersetzung K. C.)

Robinson geht auf jeden dieser Punkte detailliert ein, am wichtigsten erscheint mir jedoch der Punkt „Taking care of self": „They must learn how to take care of themselves when a parent is drinking and whom to call or where to go for help when they need it." (Robinson, 1989, 131) Kinder müssen in ihrer Situation lernen, selbstbewusst auf ihre eigene Sicherheit zu achten und Hilfe von außen zu fordern, wenn es nötig ist. Verschiedene Spiele (z. B. „Wheel of Misfortune") sollen die Kinder dabei unterstützen. Im *Teamwork* kann der Umgang mit gefährlichen oder beängstigenden Situationen diskutiert und erarbeitet werden.

Welche Strategien sind nun geeignet, um Kinder aus alkoholbelasteten Familien zu unterstützen? Robinson nennt dazu sowohl verschiedene Formen des *Spiele*s (Rollenspiel, Brettspiele, Gruppenspiele, Psychodrama) als auch *kreatives Arbeiten* (Singen, Malen, Puppenspiel) aber auch *Bibliotherapie*, wobei mit geeigneten Büchern als therapeutisches Werkzeug gearbeitet wird. „An advantage of bibliotherapy is that it presents problems and possible solutions in a nonthreatening way. Practitioners can use children's books that tell stories about a parent who drinks too much, how it makes the character feel, and how the characters deal with this feelings." (Robinson, 1989, 149) Die mit dem Betrachten und Lesen der Bücher verbundenen Gefühle, Meinungen und Gedanken der Kinder können besprochen und reflektiert werden. Eine ähnliche Annäherung an die Gefühle der Kinder gelingt nach Robinson durch *Filme,* die sich mit dem Thema Alkohol und Familie beschäftigen, wobei er darauf hinweist, dass die Filme dem Alter der Kinder entsprechen müssen und dass die Kinder dabei Unterstützung und Begleitung brauchen, weil sie womöglich emotional sehr belasten.

Als geeignetste Methode für die Arbeit mit COAs nennt Robinson die Gruppenarbeit. „Group, more than individual experiences, increases the likelihood of breaking the silence and denial associated with family alcoholism." (Robinson, 1989, 151) Robinson betont allerdings als wichtige Punkte:

- „Ideally, children should not all be lumped together." Sie sollten ähnliche Interessen haben und ungefähr im gleichen Alter sein bzw. ein ähnliches Entwicklungsalter haben.
- Das Gruppenprogramm darf nicht einfach von einem Programm für „erwachsene Kinder" abgekupfert sein – Kinder brauchen spezielle Programme, die für Kinder ausgearbeitet sind.
- Der Inhalt des Programms soll dem Entwicklungsstand der Kinder entsprechen. Gruppenziele und Entwicklungsstand der Kinder müssen aufeinander abgestimmt sein.
- Das Gruppenprogramm soll Informationen bieten, aber der Schwerpunkt im Gruppenprogramm liegt – unabhängig vom Alter der Kinder – auf Spiel und Spaß. COAs brauchen Spaß und Entspannung als Ausgleich für ihre familiäre Situation.

- Das Programm muss so gestaltet sein, dass die Kinder alles verstehen. Die Erklärungen und Informationen müssen in Worte gefasst sind, die dem Wortschatz der Kinder entspringen und sie auch sonst in keiner Weise überfordern.
- Der Stundenplan sollte flexibel sein und dennoch Struktur bieten. Geplantes und Ungeplantes sollten sich abwechseln. Die Unternehmungen und Aktivitäten sollten für Selbstausdruck Platz geben. „A good example is using children's favorite rock songs and letting them write the lyrics as they apply to the specific curriculum theme." (Robinson, 1989, 158)
- Die Regeln in einer Gruppe sollten nicht von den Erwachsenen kommen, sondern gemeinsam mit und von den Kindern ausgearbeitet werden. In der Gruppe sollte es nicht zu viele Verbote geben, davon haben die Kinder zu Hause genug.

### 10.2.1 *Zusammenfassung und Schlussfolgerung*

Robinsons Konzept wendet sich nicht nur an Gruppenleiter von ambulanten Kindergruppen, sondern an alle Lehrer, Berater, Erzieher und sonstige Pädagogen, die mit Kindern zu tun haben. Er fokussiert dabei vor allem auf das Lebensfeld Schule und spricht sich deshalb auch für das Anbieten von Gruppenprogrammen in Schulen als Teil des Schulalltages aus.

Erreicht werden aufgrund der großflächig durchgeführten standardisierten Tests in den Schulen daher nach dieser Konzeption nicht nur die Kinder von Alkoholkranken, deren Eltern bereits in Behandlung sind, sondern auch Kinder, deren Eltern sich ihre Sucht (noch) nicht eingestehen. Nach Robinson ist es ein Irrtum, dass „alles andere von selbst gut wird" wenn der Alkoholiker nur den ersten Schritt tut und zu trinken aufhört. Es ist wichtig, dass die COAs unabhängig von ihren süchtigen Bezugspersonen Hilfe bekommen und genesen. Robinson betrachtet also die Familie zwar als aufeinander einwirkendes System, aber er versucht durch das Stärken der COAs von ihrer Seite, die Suchtspirale zu durchbrechen.

Ich sehe im Training selbstschützender Verhaltensweisen (nicht mit dem betrunkenen Elternteil ins Auto zu steigen; zu überlegen, wer im Notfall angerufen werden kann; usw.) einen sehr wichtigen Aspekt dieser Konzeption. Die Kinder erlangen dadurch Selbstbewusstsein und üben aktiv selbstverantwortliches Verhalten.

Die Akzeptanz dafür, dass in Schulen Tests zur Identifikation von COAs durchgeführt werden, ist weder in Deutschland noch in Österreich gegeben. In den USA ist der Umgang mit Drogen ein anderer und der allgemeine Druck, der auf potenzielle Süchtige ausgeübt wird, ist wesentlich größer als in Europa, daher ist die Akzeptanz für solche Tests auch höher. Darüber hinaus hat das Bewusstsein für die schwierige Situation von COAs schon eine längere Tradition, man kann sagen die USA sind uns gut zehn Jahre voraus.

## 10.3 Vergleich der beiden Konzeptionen

Wo Ehrenfried et al. die Familie als Ganzes zu heilen versuchen und „auf Granit beißen", wenn die Eltern nicht „mitspielen", versucht Robinson, der sich zwar ebenfalls der einzigartigen Position der Eltern bewusst ist, die Kinder zu trainieren, sich trotzdem nicht unterkriegen zu lassen. Robinson versucht die Kinder zu identifizieren und diejenigen zu erreichen, die mit dem Konzept von Ehrenfried et al. nicht erreichbar sind. Er zäumt m. E. das Pferd von der anderen Seite auf. Er versucht Kinder – unabhängig von ihren Eltern – stark zu machen und so Veränderungen herbeizuführen. Auf diese Art ergänzen beide Ansätze einander, denn der Ansatz von Ehrenfried et al. hat sich zum Ziel gesetzt, vor allem die Kinder zu fördern, deren Eltern aus verschiedenen Gründen krankheitseinsichtig sind. Dieser Ansatz scheint einerseits ein behutsameres Vorgehen zu ermöglichen, wirkt aber andererseits an manchen Stellen unentschlossen. Eine Vorgehensweise, die sicher Kindern in dieser Situation nicht gut tut.

Beide Konzeptionen sehen in der Gruppenarbeit die ideale Methode zur Unterstützung von COAs und nennen die gleichen Programmziele. Beide Gruppenprogramme verstehen sich als ressourcenfördernd und wollen das Selbstbewusstsein und die Selbstachtung der Kinder stärken.

Beide Konzeptionen verstehen sich auch als Suchtpräventionsprogramme und bieten Informationen zum Thema Sucht an. Auf die Gefahr der späteren Angstentwicklung geht leider keine der beiden Konzeptionen explizit ein, obwohl beide Angst und Depression als zweitstärkste Folgeschädigung nach der Gefahr einer eigenen Suchtentwicklung nennen. Implizit allerdings wird mit der Förderung von Selbstbewusstsein, einem positiven Selbstbild und dem Arbeiten an einer gelungenen Individuation gegen diese Gefahr vorgegangen. Auch durch die vielfältigen Sozialkontakte in der Gruppe und der Möglichkeit, das Schweigen zu durchbrechen, die rigide Rollenfixierung zu überdenken und zu einem authentischen Gefühl von sich selbst zu gelangen, ist ein erster und wichtiger Schritt gegen Angststörungen im Erwachsenenalter getan.

## 11. Resümee

In einem Land, in dem der Genuss von Alkohol nicht nur toleriert wird, sondern in manchen Kreisen sogar ein gesellschaftliches Muss darstellt, kommt es einem Tabubruch gleich, sich über Alkoholsucht auch nur Gedanken zu machen. Gemeinsam stürzen sich Medien und Massenmeinung in regelmäßigen Abständen auf die von illegalen Substanzen Abhängigen, um sie als Projektionsfläche für alles Unglaubliche zu verwenden. Diese Drogenabhängigen werden in einer Art Saubermann-Aktion von den öffentlichen Plätzen vertrieben (sie werden in andere Regionen verschoben), damit die restliche Bevölkerung wieder eine Weile ein Gefühl der vollbrachten Purgation genießen kann. Die Alkoholsucht wird dabei nie angetastet.

Man kann auch eine ganze Nation aus systemischer Sicht betrachten. Das System Österreich (das ist ebenso auf Deutschland umlegbar) schweigt über seine alkoholkranken Mitglieder, schämt sich für sie, will die bittere Realität nicht wahrhaben, leugnet sie und spricht nicht darüber. Man kann sich dieses Land ohne Alkohol gar nicht richtig vorstellen – die Anzahl der dazugehörigen Alkoholiker wird beschönigt und die Auswirkungen ihrer Sucht auf ihre Umgebung verleugnet.

Man denke z. B. als unmittelbarste Folge des Alkoholkonsums zum Beispiel an die Autounfälle, die in alkoholisiertem Zustand geschehen. Man müsste in Österreich nur an den Wochenenden in den Weinbauregionen verstärkt Polizeikontrollen durchführen, um den Großteil der Unfälle zu verhüten – doch das geschieht nicht, weil dieses Land in allen Positionen von Alkoholikern durchzogen ist, die ständig darum bemüht sind, ihren eigenen Alkoholkonsum zu sichern und vor allem zu verharmlosen.

Mir ist bewusst, dass diese Darstellung sehr überzeichnet ist, aber ein anderes Beispiel sollte zu denken geben: in Österreichs Gasthäusern hört man oft die momentan sehr populäre Schlussfolgerung, dass es ja zwar passives Rauchen gibt, aber nicht passives Trinken. – Eine interessante Einstellung, die kennzeichnend für dieses Land ist.

In Österreich überlegt man dieser Tage in den Schulen Handy-Unterricht einzuführen. An sich eine überlegenswerte Sache angesichts der steigenden Beliebtheit des Mobiltelefons und seiner Risiken für junge Menschen, betrachtet man aber parallel dazu die Risiken, die sich für Kinder durch ihr Aufwachsen in alkoholbelasteten Familien ergeben, dann scheinen sie Opfer einer partiellen gesellschaftlichen Blindheit zu sein.
Es gibt in Österreich sehr wenige Hilfsangebote für Kinder aus alkoholbelasteten Familien und schon gar nicht als Bestandteil des Stundenplans an öffentlichen Schulen.
Dabei wäre es für diese Kinder immens wichtig Angebote zu erhalten, um aus dem Suchtkreislauf ausbrechen zu können, damit die nächste Generation nicht mehr verleugnet, schweigt und trinkt.

Da das Schweigen hierzulande sehr tief sitzt, wären Maßnahmen von staatlicher Seite wie Tests zur Identifikation von Kindern aus alkoholbelasteten Familien (wie in der Konzeption von Robinson), Aufklärungskampagnen zum Thema Alkoholismus (nicht nur zum Thema illegale Drogenabhängigkeit) und die Einführung von Projekten, die in den regulären Unterricht eingegliedert sind, wünschenswert und wichtig.

84

**Literaturliste:**

Abels, H., Link, U. (1989): Identität im Lebenszyklus: Erik Erikson. Hagen: Fernuniversität/Gesamthochschule in Hagen

Arenz-Greiving, I. (2003): Die vergessenen Kinder. Kinder von Suchtkranken. Wuppertal: Blaukreuz-Verlag

Bätz, A. (1997): Zur Situation von Kindern in Alkoholikerfamilien. Familienstruktur und Rollenzuschreibung. Aachen: Shaker Verlag

Bertling, A. A. (1993): Wenn die Eltern trinken. Berlin: Verlag Mona Bögner-Kaufmann

Black, C. (1988): Mir kann das nicht passieren. Kinder von Alkoholikern als Kinder, Jugendliche und Erwachsene. Wildberg: Verlag Mona Bögner-Kaufmann

Borst, U. (2006): Von psychischen Krisen und Krankheiten, Resilienz und „Sollbruchstellen". In: Welter-Enderlin, R., Hildenbrand, B. (Hrsg.) (2006): Resilienz – Gedeihen trotz widriger Umstände. Heidelberg: Carl-Auer-Systeme

Bowlby, J. (2006): Bindung. München Basel: Verlag Ernst Reinhardt

Brakhoff, J. (Hrsg.) (1987): Kinder von Suchtkranken. Situation, Prävention, Beratung und Therapie. Freiburg im Breisgau: Lambertus

Brown, S., Lewis, v. (1999): The Alkoholic Family in Recovery. A Developmental Model. New York, London: Guilford Press

Cotton, N. S. (1979): The familial incidence of alcoholism. Journal of Studies on Alcohol 40, 89–116

Dold, P. (2001): Gewalt und Sucht in Familien. Freiburg im Breisgau: Lambertus-Verlag

Drake, R. E. & Vaillant, G. E. (1988): Predicting alcoholism and personality disorder in a 33-year longitudinal study of children of alcoholics. British Journal of Addiction 83 799–807

Eckstein, B., Kirchhoff, G. (Hrsg.) (1999): Überforderte Helden, verlassene Sündenböcke, einsame Träumer, ängstliche Clowns – zur Situation von Kindern aus Familien mit Suchtproblemen. Hagen: Fernuniversität Gesamthochschule Hagen

Egle, U. (1997): Sexueller Missbrauch, Misshandlung, Vernachlässigung: Erkennung und Behandlung psychischer und psychosomatischer Folgen früher Traumatisierung. Stuttgart: Schattauer Verlag

Ehrenfried, T. (2001): Gruppenarbeit mit Jugendlichen. S. 93–104. In: Ehrenfried, T., Heinzelmann, Ch., Kähni, J., Mayer, R. (Hrsg.) (2001): Arbeit mit Kindern aus Familien Suchtkranker. Ein Bericht aus der Praxis für die Praxis. Balingen: Eigenverlag

Ehrenfried, T., Heinzelmann, Ch., Kähni, J., Mayer, R. (Hrsg.) (2001): Arbeit mit Kindern aus Familien Suchtkranker. Ein Bericht aus der Praxis für die Praxis. Balingen: Eigenverlag

Erikson, E. H. (1998): Identität und Lebenszyklus. Frankfurt a. Main: Suhrkamp Verlag

Essau, C. A. (2003): Angst bei Kindern und Jugendlichen. München Basel: Verlag Ernst Reinhardt

Familiengeheimnisse – Wenn Eltern suchtkrank sind und die Kinder leiden. Dokumentation der Fachtagung vom 4. und 5. Dezember 2003. Berlin: Bundesministerium f. Gesundheit und Soziale Sicherung

Flöttmann, H. B. (1989): Angst. Ursprung und Überwindung. Stuttgart, Berlin, Köln: Kohlhammer Verlag

Frank, H./Puhm, A./Bauer, W./Mader, R. (1999): Alkoholbezogene Erwartungen, Einstellungen und Alkoholkonsum bei Kindern, Jugendlichen und Erwachsenen. In: Wiener Zeitschrift für Suchtforschung, Jg. 22, Nr. 4

Frank, H. ( 2002): Risikokinder (children at risk). In: Wiener Zeitschrift für Suchtforschung, Jg. 25, Nr. 1/2

Freud, S. (1995): Hemmung, Symptom und Angst. Frankfurt a. Main: Fischer Verlag

Geldard, D., Geldard, K. (2003): Helfende Gruppen. Eine Einführung in die Gruppenarbeit mit Kindern. Weinheim, Basel, Berlin: Beltz

Göppel, Rolf (1997): Ursprünge der seelischen Gesundheit: Risiko- und Schutzfaktoren in der kindlichen Entwicklung. Würzburg: Ed. Bentheim

Grünke, Mattias (2003): Resilienzförderung bei Kindern und Jugendlichen in Schulen für Lernbehinderte. Lengerich: Pabst Science Publishers

Gschwandtner, F. (2002): Suchtgefährdung von Kindern alkoholkranker Eltern. Linz: Institut Suchtprävention

Heinzelmann, Ch. (2001): Exemplarische Schilderung der Gruppenarbeit. S. 57–91. In: Ehrenfried, T., Heinzelmann, Ch., Kähni, J., Mayer, R. (Hrsg.) (2001): Arbeit mit Kindern aus Familien Suchtkranker. Ein Bericht aus der Praxis für die Praxis. Balingen: Eigenverlag

Hepp, U. (2006): Trauma und Resilienz. Nicht jedes Trauma traumatisiert. In: Welter-Enderlin, R., Hildenbrand, B. (Hrsg.) (2006): Resilienz – Gedeihen trotz widriger Umstände. Heidelberg: Carl-Auer-Systeme

Hildenbrand, B. (2006) Resilienz, Krise und Krisenbewältigung. In: Welter-Enderlin, R., Hildenbrand, B. (Hrsg.) (2006): Resilienz – Gedeihen trotz widriger Umstände. Heidelberg: Carl-Auer-Systeme

Kähni, J., (2001): Arbeit mit den Bezugspersonen. S. 105–141. In: Ehrenfried, T., Heinzelmann, Ch., Kähni, J., Mayer, R. (Hrsg.) (2001): Arbeit mit Kindern aus Familien Suchtkranker. Ein Bericht aus der Praxis für die Praxis. Balingen: Eigenverlag

Kaniak-Urban, Ch. (1995): Das seelische Immunsystem stärken. Theoretische Grundlagen und pragmatische Intentionen einer ressourcenorientierten Persönlichkeitsentwicklung zur Bewältigung von belasteten Life-Event Situationen. Frankfurt a. Main, Berlin, Bern, New York, Paris, Wien: Peter Lang

Kaplan, L. (1998): Die zweite Geburt. Die ersten Lebensjahre des Kindes. München: Piper Verlag

Klein, H. (2003): Eine Sucht fällt nicht vom Himmel. Dispositionen und Entstehungsbedingungen der Suchtkrankheit Alkoholismus. Wuppertal: Blaukreuz-Verlag

Klein, M. (2000): Alkohol und Familie: Forschung und Forschungslücken. In: Kruse, G.; Körkel, J. & Schmalz, U.: Alkoholabhängigkeit erkennen und behandeln. Bonn: Psychiatrieverlag. S.139–158

Klein, M. (2001): Kinder aus alkoholbelasteten Familien – Ein Überblick zu Forschungsergebnissen und Handlungsperspektiven. In: Suchttherapie 2001; 2; 118–124. New York: Georg Thieme Verlag

Koch-Kneidl, L. (Hrsg.) (2003): Entwicklung nach früher Traumatisierung. Göttingen: Vandenhoeck & Ruprecht

Van der Kolk, B. A., McFarlane, A. C., Weisaeth, L. (Hrsg.) (2000): Traumatic Stress. Grundlagen und Behandlungsansätze. Paderborn: Junfermann Verlag

Konopka, G. (2000): Soziale Gruppenarbeit: Ein helfender Prozess. Weinheim und Basel: Deutscher Studien Verlag

Körtel, K., Krasnitzky-Rohrbach, U. (Hrsg.) (2004): Co-Abhängigkeit erkennen. Angehörige von Suchtkranken im Blickpunkt ärztlich-therapeutischen Handelns. Freiburg im Breisgau: Lambertus-Verlag

Krohne , H. (1975): Angst und Angstverarbeitung. Stuttgart: Kohlhammer Verlag

Krohne, H. (1996): Angst und Angstbewältigung. Stuttgart: Kohlhammer Verlag

Langenscheidt (2001): Großes Schulwörterbuch Deutsch-Englisch. Berlin, München, Wien, Zürich, New York: Langenscheidt KG

Lambrou, U. (2005): Familienkrankheit Alkoholismus. Im Sog der Abhängigkeit. Reinbeck bei Hamburg: Rowohlt Verlag

Levold, T. (2006): Metaphern der Resilienz. In: Welter-Enderlin, R., Hildenbrand, B. (Hrsg.) (2006): Resilienz – Gedeihen trotz widriger Umstände. Heidelberg: Carl-Auer-Systeme

Löser, H. (2001):Alkohol in der Schwangerschaft. In: Zobel, M. (Hrsg.) (2001): Wenn Eltern zuviel trinken. Risken und Chancen für die Kinder. Bonn: Psychiatrie Verlag. S. 78–88

Mayer, R. (2001): Kinder von Suchtfamilien – was ist denn da so Besonderes? S. 9–40, Soziale Gruppenarbeit als Präventionsmaßnahme für Kinder aus Suchtfamilien. S. 41–55. In: Ehrenfried, T., Heinzelmann, Ch., Kähni, J., Mayer, R. (Hrsg.) (2001): Arbeit mit Kindern aus Familien Suchtkranker. Ein Bericht aus der Praxis für die Praxis. Balingen: Eigenverlag

Nissen, G., Trott, G.-E. (1995): Psychische Störungen im Kindes und Jugendalter. Berlin,Heidelberg: Springer Verlag

Nuber, U. (1995): Der Mythos vom frühen Trauma. Frankfurt a. Main: S. Fischer

Opp, G. (2003): Im Dunstkreis der Sucht: Was Kinder suchtkranker Eltern stärkt. In: Familiengeheimnisse – Wenn Eltern suchtkrank sind und die Kinder leiden. Dokumentation der Fachtagung vom 4. und 5. Dezember 2003. Berlin: Bundesministerium f. Gesundheit und Soziale Sicherung

Rennert, M. (1990): Co-Abhängigkeit. Was Sucht für die Familie bedeutet. Freiburg im Breisgau: Lambertus-Verlag

Reichelt-Nauseef, S. (1991): Einfluss von Alkoholismus auf die Familienstruktur und deren Veränderung aus der Sicht ihrer Mitglieder. Ammersbeck bei Hamburg: Verlag an der Lottbek

Rheinisches Institut für Angewandte Suchtforschung: RIAS-Information 04/98: Fakten über Kinder aus Suchtfamilien. http://www.rias.de/info.htm vom 26.08.2006

Richter, H. E. (2003): Eltern, Kind und Neurose. Stuttgart: Ernst Klett Verlag

Rieckmann, N. (2002): Resilienz, Widerstandsfähigkeit, Hardiness. In: Schwarzer, R.Jerusalem, M., Weber, H. (Hrsg.): Gesundheitspsychologie von A–Z. Ein Handbuch. Göttingen, Bern, Toronto, Seattle: Hogrefe, 462–466

Robinson, B. E. (1989): Working with Children of Alcoholics. Massachusetts, Toronto: Lexington Books

Rost, W.-D. (2001): Psychoanalyse des Alkoholismus. Theorie, Diagnostik, Behandlung. Stuttgart: Klett-Cotta

Salloch-Vogel, R. R. (1987): Erwachsene Kinder suchtkranker Eltern: Was wird aus diesen Kindern? In: Brakhoff, J. (Hrsg.) (1987): Kinder von Suchtkranken. Situation, Prävention, Beratung und Therapie. S. 11–25. Freiburg im Breisgau: Lambertus

Schäfer, U., Rüther, E. (2005): Ängste – Schutz oder Qual? Angststörungen – Ein Ratgeber für Betroffene und Angehörige. Berlin: ABW Wissenschaftsverlag

Schmid, P. (2003): Gefährdungen des Reifens: Aggression, Angst, Sucht, Lüge. Anthropologische Betrachtungen. Biel: Edition SZH/CSPS

Schmidt, G. (1987): Beziehungsmuster und Glaubenssysteme bei Kindern von Suchtpatienten – eine systemische Betrachtung: In: Brakhoff, J. (Hrsg.) (1987): Kinder von Suchtkranken. Situation, Prävention, Beratung und Therapie. S. 25–52. Freiburg im Breisgau: Lambertus

Schneider, S. (2004): Angststörungen bei Kindern und Jugendlichen. Grundlagen und Behandlung. Berlin Heidelberg New York: Springer Verlag

Schultz, H. J. (Hrsg.) (1995): Angst. Facetten eines Urgefühls. München: Dtv

Seligman, M. E. P.(1995): Erlernte Hilflosigkeit. Weinheim: Psychologie Verlags Union

Seligman, M. E. P. (2006): Learned Optimism. How to change your mind and your life. New York: Vintage Books

Skof, E. (2003): Der Zusammenhang zwischen der Ausbildung von Resilienz und innerfamiliären Erfahrungen von Kindern. Wien: Diplomarbeit

Sroufe,L. A. (1988): The role of infant-caregiver-attachement in development. In: Belsky,J./Nezworsky, T. (Eds.): Clinical implications of attachment. Hillsdale, New Jersey, S. 18–38

Steinglass, P., M.D. (1987): The Alcoholic Family. New York: Basic Books, Inc., Publishers

Stierlin, H. (1995): Angst in und durch Familien. In: Schultz, H. J. (Hrsg.) (1995): Angst. Facetten eines Urgefühls. S. 90–103. München: Dtv

Strian, F. (1995): Angst und Angsterkrankung. München: Verlag C. H. Beck

Süß, M. (2001): Soziale Gruppenarbeit mit Kindern aus alkoholbelasteten Familien. Köln: Diplomarbeit

Velleman, R. (1992): Intergenerational effects – a review of environmentally oriented studies concerning the relationship between parental alcohol problems and family disharmony in the genesis of alcohol and other problems. In: The intergenerational effects of family disharmony. The International Journal of the Addictions 27, S. 367–389

Walsh, F. (2006): Ein Modell familialer Resilienz und seine klinische Bedeutung. In: Welter-Enderlin, R., Hildenbrand, B. (Hrsg.) (2006): Resilienz – Gedeihen trotz widriger Umstände. Heidelberg: Carl-Auer-Systeme

Watzlawick, P., Beavin, J. H., Jackson, D. D. (1980): Menschliche Kommunikation. Formen, Störungen, Paradoxien. Bern Stuttgart Wien: Verlag Hans Huber

Watzlawick, P., Weakland, J. H. (Hrsg.) (1997): Interaktion. Menschliche Probleme und Familientherapie. Bern: Verlag Hans Huber

Wegscheider-Cruse, S. (1989): The Miracle of Recovery. Healing for addicts, adult children and co-dependents. Deerfield Beach, Florida: Health Communications, Inc.

88

Welter-Enderlin, R., Hildenbrand, B. (Hrsg.) (2006): Resilienz – Gedeihen trotz widriger Umstände. Heidelberg: Carl-Auer-Systeme

Werner, E. E., Smith, R. S. (1992): Overcoming the odds: High risk children from bith to adulthood. Ithaca, NY: Cornell University Press

Wikipedia: http://de.wikipedia.org/wiki/Stressmodell_von_Lazarus (vom 29. 12. 2006)

Wildermuth, M. (2006): Angstentstehung und -bewältigung im Säuglings-, Kindes- und Jugendalter. Stuttgart Berlin: Mayer Verlag

Winkler, U. (2006): Der Zusammenhang zwischen Ressourcenaktivierung in psychosozialen Krisen und Ausbildung von Resilienz. Wien: Diplomarbeit, Universität Wien

Winnicott, D. W. (2002): Reifungsprozesse und fördernde Umwelt. Gießen: Psychosozialverlag

Woititz, J. (2004): Um die Kindheit betrogen. Hoffnung und Heilung für erwachsene Kinder von Suchtkranken. München: Kösel Verlag

Wustmann, C. (2004): Resilienz. Widerstandsfähigkeit von Kindern in Tageseinrichtungen fördern. Weinheim und Basel: Beltz Verlag

Zobel, M. (2000): Kinder aus alkoholbelasteten Familien. Entwicklungsrisiken und -chancen. Göttingen/Bern/Toronto/Seattle

Zobel, M. (Hrsg.) (2001): Wenn Eltern zuviel trinken. Risken und Chancen für die Kinder. Bonn: Psychiatrie Verlag